Achtung!
Eintragungen, Unterstreichungen etc.
sind untersagt und gelten als
Beschädigung!
Überprüfen Sie daher bitte den Zustand des Bandes vor
der Ausleihe und melden Sie uns evtl. vorhandene
Eintragungen!

Andreas Jaun, Sabine Joss

Auf der Wiese

:Haupt

Andreas Jaun, Sabine Joss

Auf der Wiese

Natur erleben – beobachten – verstehen

www.naturerleben.net

Andreas Jaun ist Biologe mit einem eigenen Büro in Spiez/Schweiz. Neben verschiedenen Projekten in den Bereichen Naturschutz, Artenförderung und Landschaftsplanung ist er auch in der Umweltbildung tätig.
Sabine Joss ist selbstständige Biologin und Journalistin. Sie arbeitet bei verschiedenen Forschungsprojekten und publiziert Beiträge zu Naturthemen in Büchern sowie in Wander- und Reisemagazinen.

Das Projekt «Natur erleben – beobachten – verstehen» mit Büchern, Website und ab Herbst 2011 mit einer iPhone-App wurde unterstützt von:
- BAFU (Schweiz. Bundesamt für Umwelt), Abteilung Arten/Ökologie/Landschaft und Sektion Umweltbildung, Bern
- Ricola AG, Laufen
- Bank Sarasin & Cie AG, Basel

1. Auflage: 2011

Bibliografische Information der *Deutschen Nationalbibliothek*:
Die Deutsche Nationalbibliothek verzeichnet diese Publikation in der Deutschen Nationalbibliografie; detaillierte bibliografische Daten sind im Internet über http://dnb.d-nb.de abrufbar.

ISBN 978-3-258-07589-1

Printed in Germany

www.naturerleben.net in Partnerschaft mit www.naturgucker.net
www.haupt.ch

Inhaltsverzeichnis

Vorwort

Obwohl Wiesen und Felder «vor der Haustüre» liegen, sind deren Geheimnisse den meisten von uns doch weitgehend unbekannt. Oft ist uns kaum bewusst, dass die Wiese nicht nur eine Ansammlung von mehr oder weniger ordentlich wachsenden Gräsern und Blumen ist, sondern jeder Quadratmeter ein wahres Netz von Beziehungen beinhaltet: die Spinne mit der Fliege mit der Blüte mit dem Boden mit dem Gras mit der Maus mit dem Wurm. Und wenn wir doch das eine oder andere darüber wissen – Hand aufs Herz: Wie viel davon stammt aus eigenen Beobachtungen? Ist nicht vieles eher angelesen oder aus Dokumentarfilmen und Fernsehsendungen?

Runter vom Sessel, hinein in die Natur! Erleben Sie die unbekannte Natur vor der Haustür, spüren Sie den Zusammenhängen nach und entdecken Sie, wie raffiniert sich die Natur auch auf kleinem Raum eingerichtet hat. Dafür werden keine besonderen biologischen Kenntnisse vorausgesetzt – was Sie für Ihre Erkundungen benötigen, wird durch das vorliegende Buch (und dessen Folgebände) vermittelt. Besonders hilfreich sind dabei die Beobachtungstipps, die Sie stets am Ende der einzelnen Kapitel finden.

Und weil die Natur nichts Statisches ist, sondern das Resultat von Vernetzungen und gegenseitigen Abhängigkeiten und weil das Erkunden ja auch Spaß machen soll, finden Sie überall Verweise auf andere, verwandte Themen im Buch, auf Geräusche, Filme und zusätzliche Bilder auf der Website www.naturerleben.net. Beispielsweise ist das Weinhähnchen selten zu beobachten, obwohl es zu den lautesten Sängern auf der Wiese gehört. Hören Sie seine Stimme auf der Website. Nachdem Sie den attraktiven Rotmilan beim Kreisen über der Wiese beobachtet haben, werfen Sie mit dem Film auf der Website einen Blick in seine Kinderstube. Wenn Sie eigene Beobachtungen oder Fotos mit anderen teilen möchten, können Sie dies dank unserer Partnerschaft mit www.naturgucker.net auch ganz einfach über unsere Website tun.

Ab all dem Kreuz und Quer und Hin und Her zwischen Buchkapiteln und Website soll auch etwas hängen bleiben – mit den Quizfragen können Sie locker prüfen, wie viele Geheimnisse nun schon gelüftet worden sind.

Ab September 2011 gibt's noch eine weitere Dimension zu entdecken: mit der iPhone-App zur Buchreihe können zum Beispiel die häufigsten Tier- und Pflanzenarten unserer Wiesen, Felder und Hecken bestimmt werden und das Beantworten der Quizfragen direkt in der Natur schärft Augen und Ohren.

Viel Spaß beim Beobachten, Entdecken und Erleben der Natur wünschen der Autor, die Autorin und Ihr Haupt Verlag!

Vorbereitung für den Wiesenausflug

Wiesen

Die meisten Naturbeobachtungen auf Wiesen, Weiden und Hecken lassen sich vom Weg oder der Straße aus machen, sodass es nicht nötig ist, mitten in die Habitate zu treten. Wiesen, Weiden und Hecken sind Nutzland und haben stets einen Besitzer. Wenn Ihnen das Gras auf halbe Kniehöhe reicht oder eine Grünfläche eingezäunt ist, so sieht es der Bauer nicht gerne, wenn Sie sein Land betreten und Spuren hinterlassen. Bevor Sie eine Wiese betreten, lohnt es sich, den Besitzer um Erlaubnis zu fragen. Bitte beachten Sie auch, dass artenreiche Magerwiesen oft Naturschutzgebiete sind, in denen Sie die Wege nicht verlassen dürfen und das Pflücken von Blumen verboten ist.

Pflanzen

Für zahlreiche Beobachtungen ist es nicht nötig, Pflanzenteile oder ganze Pflanzen abzureißen. Wer die Wiese oder Hecke nach Ihnen besucht, möchte sich ebenfalls an den Blüten am Wegrand freuen und ist Ihnen dankbar, wenn Sie möglichst wenige Pflanzen ausreißen.

Meistens ist es nicht weit bis zur nächsten Wiese – interessante Naturbeobachtungen kann man aber oft sogar schon im Stadtpark machen.

Tiere

Behandeln Sie Insekten, Schnecken und andere Bewohner von Wiesen, Weiden und Hecken sorgfältig und mit Respekt. Lassen Sie Käfer und andere Tiere, die Sie sich aus der Nähe anschauen, an derselben Stelle wieder frei, an der Sie sie gefangen haben: Viele Arten sind nicht in der Lage, den Weg in ihre ursprüngliche Umgebung wieder zu finden oder laufen Gefahr, auf dem Rückweg von Feinden oder im Verkehr getötet zu werden.

Abfälle

Hinterlassen Sie keine Abfälle. Und warum nicht auch einmal störenden Abfall von anderen mitnehmen? In einen zusätzlichen Plastiksack verpackt, machen Abfälle die Tasche nicht schmutzig.

Hunde

Wenn Wildtiere in der Nähe sind, ist es wichtig, dass Sie Ihren Hund an die Leine nehmen: Von wildernden Hunden werden jährlich Tausende von Wildtieren verletzt, und viele gehen dadurch qualvoll zugrunde. Bitte beachten Sie, dass in vielen Naturschutzgebieten strikter Leinenzwang gilt. Bitte lassen Sie Ihren Hund nicht in Wiesen sein Geschäft verrichten. Kühe fressen lieber sauberes Gras und bekommen von Hundekot Verdauungsprobleme.

Ausrüstungsliste

Natürlich sind Beobachtungen auch ohne Spezialausrüstung möglich, doch mit ein paar Hilfsmitteln machen Naturbeobachtungen noch mehr Spaß. Besonders hilfreich sind:

> Notizbuch und Schreibzeug
> Lupe
> Fernglas
> Kamera
> Pflanzen- und Tierbestimmungsbücher
> Taschenmesser
> Apotheke mit Desinfektions- und Insektenschutzmittel
> Sonnenschutz (Hut, Brille, Crème)
> Zwischenverpflegung

Wiesen, Weiden und Hecken

Eine Einleitung

Aus Wäldern wurden Weiden und Wiesen

21←
Einleitung:
«Wiese ist nicht
gleich Wiese»

Auf fast jeder Weide oder Wiese in Mitteleuropa wuchs früher einmal Wald. Erst unter dem Einfluss des Menschen entstanden offenes Grünland und Äcker. Wiesen, Weiden und Hecken sind deshalb vor allem Produkte menschlichen Handelns. Werden Sie nicht mehr regelmäßig genutzt, so verbuschen sie mit der Zeit und werden nach und nach wieder von Bäumen bewachsen. Nur gewisse Sonderstandorte wie Moore, Trockenwiesen oder alpine Rasen würden waldfrei bleiben.

28←
Wiesentypen

Vor 15 000 Jahren

Vor 6000 Jahren

Vor 2000 Jahren

Vor 50–100 Jahren

Heute

Um etwa 6000 v. Chr. wurde in Mitteleuropa mit der Sesshaftwerdung des Menschen auch die Brandrodung des Waldes eingeführt. Die dadurch gewonnen Ackerflächen konnten einige Jahre genutzt werden, bis die Ertragskraft der Böden nachließ und die Menschen sich gezwungen sahen, an einer anderen Stelle wieder neue Ackerflächen zu roden. Mit den noch nicht ortsfesten Siedlungen entsprach die damalige Landschaftsstruktur Mitteleuropas vermutlich dem noch heute in den Tropen vorkommenden Wanderfeldbau.

Die Weiterentwicklung der frühen Landwirtschaft erlaubte es den Menschen schließlich, ortsfeste Siedlungen zu gründen und die bestehenden Ackerflächen durch eine Beweidung vor der Wiederbewaldung zu schützen. So konnten im Umfeld der ortsfesten Siedlung die ersten durch Menschen geschaffenen Grünlandflächen entstehen. Diese wurden abwechslungsweise als Weideland und als Ackerflächen genutzt. Eine Mahd der Grünlandflächen zur Heugewinnung dürfte aber noch lange Zeit höchstens in sehr bescheidenem Ausmaß stattgefunden haben.

Mit der zunehmenden Bevölkerungszahl und den sich vergrößernden Viehbeständen erhöhte sich der Winterfutterbedarf. Daher wurden mit der Zeit jene Stellen, an denen das Gras besonders gut wuchs, während eines Teils der Vegetationsperiode

Sommerwiese ←

Kunstwiese mit kleiner Artenvielfalt

zur Gewinnung von Dürrfutter genutzt. Diese Praxis markiert den Beginn der systematischen Wiesenwirtschaft. Neben der Vor- und Nachweide konnten allerdings während vieler Jahrhunderte nahezu alle Wiesen nur einmal pro Jahr zur Heugewinnung gemäht werden. Erst im Laufe des Spätmittelalters konnte an besseren Standorten auf Kosten der Nachweideperiode eine zweite Mahd eingeführt werden. Dieser zweite Aufwuchs wurde als «Emd», «Öhmd» oder auch «Grummet» bezeichnet.

Mit der Abschaffung der gemeinschaftlichen Weide der Tiere wurden während der Aufklärung auch die Allmenden (im Gemeinbesitz befindliche Flurteile) privatisiert. Dadurch wurde es möglich, die alten und ungedüngten Wiesen, welche bislang nur einmal im Jahr gemäht wurden, in gedüngte zweischnittige Wiesen umzuwandeln.

Wiesen, Weiden und Hecken wurden im 19., aber vor allem auch im 20. Jahrhundert durch zunehmende Flurbereinigungen, steigende Viehstückzahlen und den zunehmenden Einsatz von industriell erzeugtem Dünger geprägt. Dies erlaubte eine erhöhte Futterproduktion und machte auch die Nutzbarkeit bislang ertragsarmer Böden möglich. Kehrseite der hohen Futtererträge heutiger Wiesen ist ihre ausgesprochene Artenarmut, welche nicht mehr viel mit den abwechslungsreichen tradi- →39
Einleitung:
«Artenvielfalt und
ökolog. Nische»
tionellen Heuwiesen zu tun hat. Durch die Intensivierung der Landwirtschaft und das

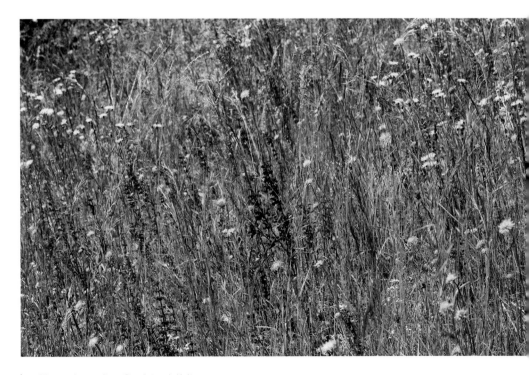

Magerwiese mit großer Artenvielfalt

35, 98←
Einleitung:
«Lebensraum
Hecke»,
Sommer:
«Neuntöter»
Verschwinden von Feldgehölzen, Hecken, Einzelbäumen und Kleinstrukturen sind vielerorts auch die typischen Bewohner der traditionellen Kulturlandschaft zurückgegangen oder gar ganz verschwunden. Sie finden in den «ausgeräumten» Wiesen nicht mehr genügend Nahrung, kaum Verstecke und keine Brutstandorte für die Aufzucht ihres Nachwuchses.

 ## Beobachtungstipps

> Suchen Sie sich einen ruhigen Platz auf einer Wiese in Ihrer Umgebung und versuchen Sie, sich diese zu verschiedenen Zeiten vorzustellen: während der Eiszeit, als die ersten Menschen auftauchten, zur Zeitenwende, im Mittelalter, vor 100 Jahren ... Oder versuchen Sie sich auszumalen, wie diese Landschaft in 50 oder in 100 Jahren aussehen wird. Oder überlegen Sie sich, wie die Landschaft sich wohl verändern würde, wenn sich die Menschen völlig daraus zurückziehen würden?
> *Hinweis: Alte Landkarten, Ansichtskarten oder Fotos können wertvolle Anregungen geben.*

Frage

192←
Antwort
> Was würde geschehen, wenn sich der Mensch völlig aus Europa zurückziehen würde?

Lebensraum Wiese

In Wiesen überleben nur Pflanzen, die sich an den häufigen Schnitt anpassen und sich immer wieder regenerieren können. Durch das Düngen werden schnellwüchsige Arten gefördert, welche die langsameren verdrängen. Die meisten Wiesenarten sind mehrjährig und können sich auch vegetativ vermehren. Einjährige Arten wie zum Beispiel der Mohn sind in einer Wiese nicht konkurrenzfähig, weil sie zum Keimen kahlen Boden und viel Licht benötigen. 70 % der Wiesenpflanzen sind Gräser. Nach einem Schnitt können sie an ihren Knoten rasch wieder austreiben. Sie dominieren so stark, dass die verschiedenen Wiesentypen nach ihnen benannt sind (Glatthafer, Goldhafer usw.). Die übrigen vorkommenden Pflanzen werden als Krautpflanzen und Schmetterlingsblütler bezeichnet. Schmetterlingsblütler (Klee-Arten) reichern mithilfe von Knöllchenbakterien den Boden mit Stickstoff an.

→**30**
Einleitung: «Wachsen und kämpfen»

→
Lebensraum Wiese

Wiesenboden

Im Boden unter einer Wiese leben im Normalfall unvorstellbare Mengen an Kleinstlebewesen wie Fadenwürmer, Milben, Bodenrädertiere, Käfer, Ameisen, Insektenlarven usw. Wenn also eine Kuh auf einer Wiese liegt, so befinden sich unter ihr Millionen von Bodenlebewesen. Sie sind wichtig für die Zersetzung von Pflanzenresten und in der Folge für die Humusbildung sowie für die Durchmischung und Durchlüftung des Bodens. Regenwürmer tragen zur Humusbildung und -verbesserung bei. Mit ihrem Gangsystem durchlüften sie den Boden und erleichtern vielen Pflanzen das Wurzeln in der Erde. Regenwürmer sind auch Nahrung für den Maulwurf, für viele Vögel, Amphibien, Käfer usw. Maulwurf und Wühlmäuse wiederum tragen mit ihren Gangsystemen ebenfalls zur Durchlüftung des Bodens bei. Vor allem die Wühlmäuse sind wichtige Nahrung für Vögel wie den Turmfalken, den Mäusebussard oder für Säuger wie Fuchs und Wiesel.

178 ff.←

Winter:
«Wer hat hier
gegraben?»

Spielende Wiesel,
Mäusebussard

Beobachtungstipp

> Biegen Sie vorsichtig Gras und Kräuter beiseite, sodass Sie auf den Wiesenboden blicken können. Beobachten Sie das Gewusel der Regenwürmer, Schnecken und Käfer.

Unter einer Kuh befinden sich Millionen von Kleinstlebewesen.

Wiesenklima

In den verschiedenen Schichten der Wiese
herrschen unterschiedliche mikroklimatische
Bedingungen.

Eine Wiese ist keine zweidimensionale Fläche, sondern ein dreidimensionaler Raum. In Wiesen gibt es einen mehrschichtigen Aufbau mit verschieden hoch gewachsenen Pflanzen die eine Ober-, eine Mittel- und eine Unterschicht bilden. In jeder Schicht sind die Lebensbedingungen für die Wiesenbewohner ganz unterschiedlich, so variiert je nach Schicht beispielsweise die Lichtintensität, Temperatur, Windgeschwindigkeit und Feuchtigkeit. In Bodennähe ist es in dichten Beständen kühler, feuchter, schattiger und windstiller als in lockeren Beständen oder in den oberen Schichten der Wiese. Das Mikroklima verändert sich also von unten nach oben; je höher man gelangt, desto wärmer, trockener, heller und besser durchlüftet wird es. In der Bodenregion und im untersten «Stockwerk» leben Käfer, Asseln, Hundert- und Tausendfüßler, Spinnen, Ameisen usw. In der mittleren

118←
Sommer:
«Heuschrecken»

Schicht kommen ebenfalls Ameisen vor, dazu auch Zikaden, Heuschrecken, Blattläuse, Marienkäfer- und Heuschreckenlarven usw. In der Oberschicht tummeln sich schließlich vor allem Blütenbesucher wie Hummeln, Bienen, Raubwanzen,

158←
Herbst:
«Spinnen und
Altweibersommer»

Krabbenspinnen usw.

Beobachtungstipps

> Greifen Sie in einer Wiese mit hohem Gras auf den Wiesenboden. Achten sie auf die Unterschiede von Feuchtigkeit und Temperatur am Wiesenboden oder im Bereich der Blüten.

> Legen Sie sich am Rand einer Wiese auf den Boden und blicken Sie den Pflanzen entlang in die Höhe. Beobachten Sie, wie die Gräser im Wind schwanken oder die Insekten herumfliegen.

Wiese ist nicht gleich Wiese

Je nach Pflanzenarten, die in einer Wiese wachsen, unterscheidet man verschiedene Wiesentypen.

Glatthaferwiese oder Fromentalwiese

Grasreiche, bis 1 m hohe Wiese auf regelmäßig gedüngten, nährstoffreichen Böden bis auf 900 m ü.M.

Typische Arten: Glatthafer, Knaulgras, Wollgras, Margerite, Wiesenbocksbart, Sauerampfer, Klappertopf, Zaun-/Vogelwicke.

Wiesentypen:
Glatthaferwiese

In diesem dichten, hochgewachsenen Wiesentyp können aus Mangel an Licht kaum niederwüchsige Arten überleben. Glatthaferwiesen werden zwei Mal jährlich geschnitten und im Herbst abschließend beweidet. Dieser blumenreiche Wiesentyp wird bei einem 3. Schnitt deutlich artenärmer. Früher war die Glatthaferwiese großflächiger verbreitet, während in den vergangenen Jahrzehnten viele davon in Kunstwiesen für Silofutter umgewandelt wurden.

arid

trocken

mesophil

feucht

sumpfig

sauer   neutral   basisch

Glatthafer- oder Fromentalwiese

Magerwiese oder Halbtrockenrasen

Niedrige, manchmal etwas lückige Wiese auf trockenen und nährstoffarmen (mageren) Böden in sonnigen und trockenen Lagen bis auf etwa 1500 m ü. M.

Wiesentypen:
Magerwiese

Typische Arten: Aufrechte Trespe, Zittergras, Wiesen-Salbei, Kleiner Wiesenknopf, Wundklee, verschiedene Orchideenarten.

Dieser Wiesentyp wird nicht oder kaum gedüngt und nur einmal pro Jahr gemäht oder im Spätsommer beweidet. Die vorkommenden Pflanzen sind gut an die Trockenheit angepasst. Sie könnten auch auf nährstoffreichen Standorten wachsen,

30←
Einleitung:
«Wachsen und
Kämpfen»

würden dort aber wegen ihrer geringen Konkurrenzkraft von schneller wachsenden Arten verdrängt. Magerwiesen sind sehr artenreich und Lebensraum vieler seltener und geschützter Orchideen und Schmetterlinge. Allerdings ist dieser Lebensraum gefährdet: In den letzten 50 Jahren ist ihre Fläche vor allem in tieferen Lagen stark zurückgegangen. Gründe dafür sind die Intensivierung der Landwirtschaft und die Zunahme der Siedlungsflächen an gut besonnten Lagen.

Magerwiese oder Halbtrockenrasen

Goldhaferwiese

Grasreiche, bis zu 80 cm hohe Wiese auf fruchtbarem Boden zwischen 800 und 2000 m ü. M.

Wiesentypen:
Goldhaferwiese

Typische Arten: Goldhafer, Wald-Storchenschnabel, Rote Waldnelke, Schlangen-Knöterich, Trollblume usw.

Goldhaferwiesen sind die typischen Fettwiesen der Berglagen. Sie werden ein bis zwei Mal im Jahr geschnitten, manchmal dazwischen beweidet und regelmäßig gedüngt. Wenn nach künstlicher Beschneiung der Schnee länger liegen bleibt, sinkt die Produktivität dieses Wiesentyps.

arid

trocken

mesophil

feucht

sumpfig

sauer   neutral   basisch

Goldhaferwiese

Milchkrautweide

Dichter, niederwüchsiger Rasen zwischen 1000 m und 2500 m ü. M. auf fruchtbaren Böden mit guter Wasserversorgung.

Wiesentypen:
Milchkrautweide

Typische Arten: Gold-Pippau, Steifhaariges Milchkraut, Frühlings-Krokus, viele Kleearten usw.

Diese subalpin-alpine Fettweide löst die in tieferen Lagen wachsende Kammgrasweide ab. Sie wird beweidet und gelegentlich gedüngt. Ungedüngt wandeln sich Milchkrautweiden in Borstgrasweiden um.

arid

trocke

meso

feuch

sump

sauer   neutral   basisch

Milchkrautweide

Kammgrasweide

Grüne, blütenarme Fettweide bis auf 1100 m ü.M. auf nährstoffreichen, gut drainier-
ten Böden.

Wiesentypen:
Kammgrasweide

Typische Arten: Kammgras, Kriechender Klee, Gänseblümchen, Schafgarbe,
Knaulgras usw.

Kammgrasweiden werden regelmäßig beweidet und gedüngt. Viele der darin
wachsenden Arten sind tritt- und verbisstolerant, weil sie unterirdische Sprossaus-
läufer oder dem Boden aufliegende Blattrosetten bilden und sich schnell regenerieren können. Oft hinterlässt das weidende Vieh auf Kammgrasweiden höhenkurven-
parallele Pfade.

arid

trocken

mesophil

feucht

sumpfig

sauer   neutral   basisch

Kammgrasweide

Wiesentypen:
Borstgrasrasen

Borstgrasrasen

Kurzgewachsene, blütenreiche Rasen zwischen 900 und 2000 m ü. M. auf sauren oder oberflächlich versauerten Böden.

Typische Arten: Arnika, Männertreu, Bärtige Glockenblume, Kochscher Enzian, Alpen-Klee usw.

Die schmalen, steifen Blätter des dominierenden Borstgrases werden vom Vieh verschmäht und verwittern sehr langsam. Oft bildet sich ein dichter Filz, der wenig Licht für andere Arten durchlässt und auch zu artenarmen Beständen führen kann. Borstgrasrasen eignen sich für eine extensive Nutzung ohne Düngung. Mit Düngung wandeln sie sich in Milchkrautweiden um.

arid

trock

mes

feuc

sum

sauer   neutral   basisch

Borstgrasrasen

Kunstwiese

Kunstwiesen sind angesäte, ein- bis mehrjährige Wiesen in tieferen Lagen, die zwischendurch als Acker genutzt werden.

Typische Arten: Italienisches Raigras, Knaulgras, Wiesenschwingel, Kriechender Hahnenfuß, Weiß-Klee.

Wiesentypen:
Kunstwiese

Sie sind stark gedüngt und werden intensiv genutzt. Je nach Klima und Bodenbeschaffenheit sind bis zu 6 Schnitte pro Jahr möglich. Je intensiver die Nutzung ist, desto artenärmer ist eine Wiese. Kunstwiesen sind deshalb sehr artenarm (max. 20 Arten) und können nur von Pflanzen bewachsen werden, die sich nach einem Schnitt schnell wieder regenerieren können.

arid

trocken

mesophil

feucht

sumpfig

sauer   neutral   basisch

Kunstwiese

Weitere natürlich vorkommende Wiesentypen, zu denen jeweils verschiedene Pflanzengesellschaften gehören

Feucht- und Nasswiesen: Im Bereich von Mooren und Feuchtgebieten oder entlang von Gewässern.

Watt- und Salzwiesen: In Meeresnähe. Die vorkommenden Arten sind salztolerant und ertragen auch Überflutungen durch Salzwasser.

Steppenrasen: In Trockengebieten mit weniger als 500 mm Niederschlag pro Jahr.

Sandfluren: Auf Sand von Küsten- oder Binnendünen, die nur noch wenig verweht werden.

Alpine Rasen: Oberhalb der Waldgrenze.

Wachsen und kämpfen

Zwar hört man keine Geräusche und sieht auch keine Bewegungen, doch unter den Wiesenpflanzen herrscht starke Konkurrenz. Zusätzlich beeinflusst die Bewirtschaftung die Artenzusammensetzung in einer Wiese.

In einer dicht bewachsenen Wiese gibt es kaum Bestandeslücken, und kaum ein Flecken Erde bleibt ungenutzt. Entstehen durch Scharrspuren von einem größeren Tier, durch Erdhaufen von Maulwurf oder Schermaus vegetationslose Stellen, so beginnt sogleich der Kampf darum. Sofort versuchen verschiedene Pflanzen entweder mit Samen oder mit der Bildung von Ausläufern diese noch unbewachsene Fläche zu besiedeln.

178←
Winter:
«Wer hat hier
gegraben?»

 ←
Schermaus

Die Konkurrenz zwischen Pflanzen beginnt schon im Wurzelraum um Wasser und Nährstoffe. Einige Arten kämpfen dabei mit chemischen Mitteln, indem sie über ihre Wurzeln für andere Arten wachstumshemmende Substanzen ausscheiden (Nussbaum). Augentrost-, Zahntrost- und Klappertopf-Arten zapfen mit speziellen Saugwurzeln (Haustorien) die Wurzeln anderer Pflanzen an und saugen ihnen Wasser und Nährstoffe ab.

Unter den Wiesenpflanzen herrscht
starke Konkurrenz.

Entscheidend für das Wachstum und die Entwicklung einer Pflanze ist auch das Licht. Schneller wachsende Arten können andere überholen und sind dadurch im Vorteil; dies gilt besonders dann, wenn sie wie Wiesen-Bärenklau oder Wiesen-Storchenschnabel große Blätter besitzen und damit kleinwüchsigere Konkurrenten beschatten. Arten, die kleine Blattranken besitzen wie die Wiesen-Platterbse oder die Vogelwicke, winden sich um höher wachsende Pflanzen und hangeln sich an fremden Stängeln und Halmen in die Höhe ans Licht.

Selektion der Arten durch den Menschen

Mehr noch als die zwischenartliche Konkurrenz der Pflanzen hat die Bewirtschaftung einen entscheidenden Einfluss auf die Artenzusammensetzung in einer Wiese. Abgesehen von der Nutzungsform und -häufigkeit der Schnitte spielen auch die Bodenverhältnisse, das Nährstoffangebot sowie die klimatischen Einflüsse (Licht, Temperatur, Niederschläge, Wind, Meereshöhe usw.) eine wichtige Rolle.

→ 21 ff.
Einleitung:
«Wiese ist nicht gleich Wiese»

Meist noch bevor die meisten Wiesenpflanzen verblüht sind, werden sie gemäht. Als Folge davon bleibt für sie keine Zeit, Samen ausreifen zu lassen und abzusamen. Würde der erste Schnitt später erfolgen, so wären Futterwiesen artenreicher. Ein

Der Löwenzahn ist eine der wenigen Wiesenpflanzen, dem die kurze Zeit bis zum Schnitt reicht, um Samen ausreifen zu lassen. Die meisten anderen Pflanzen werden gemäht, bevor sie verblüht sind und abgesamt haben.

Was uns diese Pflanzen zeigen

Einige Pflanzen geben uns Hinweise auf die Beschaffenheit des Bodens, auf dem sie wachsen. Man nennt sie daher «Indikatorpflanzen» (oder «Zeigerpflanzen»). Folgende Arten sind Indikatoren für bestimmte Eigenschaften des Bodens:

Der Schlangen-Knöterich *(Persicaria bistorta)* zeigt feuchte Bodenverhältnisse an.

Wiesen mit so üppigem Bewuchs von Scharfem Hahnenfuß *(Ranunculus acris)* sind reichlich gedüngt.

Wiesen-Salbei *(Salvia pratensis)* wächst nur auf nährstoffarmen Wiesen und Weiden.

Nährstoffreiche Wiese mit dominierendem Wiesenkerbel *(Anthriscus sylvestris)* im Unterland.

Wiese auf feuchtem, relativ nährstoffreichem Boden in den Voralpen. Wald-Storchenschnabel *(Geranium sylvaticum)* und Rote Waldnelke *(Silene dioica)* fallen durch ihre Farben auf.

Wiese mit Margeritten *(Leucanthemum vulgare)* und Glockenblumen *(Campanula sp.)* an einem sonnigen, eher trockenen Standort in den Alpen.

früherer Schnitt begünstigt Arten mit großer Regenerationsfähigkeit oder tief liegenden Erneuerungsteilen wie Blattrosetten oder Kriechtrieben (z. B. Löwenzahn und Kriechender Günsel). Auf Wiesen oder Weiden bevorzugen Tiere die wohlschmeckenden, zarten Arten und verschmähen solche mit Stacheln oder Bitterstoffen. Gewisse Arten (z. B. Disteln) werden stehengelassen und können sich ausbreiten. Wenn eine Wiese nicht mehr beweidet oder gemäht wird, so verbuscht sie, und nach einigen Jahren wächst wieder Wald darauf.

Pflanzen als Indikatoren

Intensiv bewirtschaftete Wiesen sehen alle ähnlich aus. Bei einer weniger intensiven Nutzung sind vor dem ersten Schnitt die standörtlichen Unterschiede hingegen gut erkennbar. Pflanzen sind je nach Bedingungen unterschiedlich konkurrenzkräftig. Viele Arten sind Indikatoren oder Zeigerpflanzen für bestimmte Bedingungen an einem Standort. Wenn man ihre Vorlieben kennt, so kann man schon von Weitem auf die ökologischen Verhältnisse an einem Standort schließen.

→189
Winter:
«Artenvielfalt
fördern»

Pflanzengesellschaften

Pflanzen mit ähnlichen Vorlieben wachsen zusammen in sogenannten Pflanzengesellschaften. Eine Pflanzengesellschaft (Assoziation) ist die Idealform eines Vegetationstyps. Doch die Vegetation entspricht nur selten dem theoretischen Idealfall. Oft ist es auch für Fachleute nicht möglich, Pflanzenbestände in der Natur eindeutig einer bestimmten Pflanzengesellschaft zuzuordnen.

Beobachtungstipps

> Beobachten Sie ein Stück Wiese vom Frühling bis in den Herbst. Achten Sie dabei auf die dominierenden Pflanzenarten, Wiesenfarben und darauf, welche Arten wann blühen.

> Versuchen Sie mithilfe von Zeigerpflanzen Wiesen mit unterschiedlichen Bodeneigenschaften zu finden.

> Versuchen Sie in einer Wiese eine Pflanzenart zu finden, die parasitisch oder halbparasitisch lebt.

> Beobachten Sie Kühe, Schafe oder Pferde beim Fressen auf der Weide. Achten sie darauf, ob die Pflanzen abgebissen, gezupft oder abgerissen werden.

113←
Sommer:
«Schmarotzer und
Halbschmarotzer»

> Suchen Sie Arten, die sich mit Blattranken in die Höhe winden und sich dabei an andere Pflanzen klammern.

> Versuchen Sie solche Blattranken zu entwinden.

Frage

> Wieso haben Schmetterlingsblütler an Standorten mit wenig Nährstoffen im Boden Vorteile?

192←
Antwort

Lebensraum Hecke

Lebensraum

Naturnahe Hecken sind oft ausgesprochen artenreiche Lebensräume für Vögel, Säugetiere, Reptilien, Insekten und viele andere Arten. Hecken, möglichst noch mit angrenzendem extensiv genutztem Grünland, bieten auf kleinem Raum sehr unterschiedliche Lebensbedingungen und Strukturen. Es können sowohl Wald- als auch Wiesenarten gleichzeitig darin vorkommen. Sie wachsen auf den unterschiedlichsten

→39
Einleitung: «Artenvielfalt und ökologische Nische»

Böden von den Tieflagen bis zur Waldgrenze hinauf. Je nach Standort und Höhenlage

sind die Artenzusammensetzung und das Erscheinungsbild der Hecken unterschied-

Hecke im
Jahresverlauf

lich. Aufgrund ihrer Struktur unterscheidet man die Niederhecke, die Hochhecke und die Baumhecke. Allen Heckentypen ist jedoch gemeinsam, dass sie wie die Wiesen erst durch die menschliche Nutzung der Landschaft entstanden sind (siehe Kasten).

Häufige Gehölzarten in Hecken sind zum Beispiel: Haselstrauch, verschiedene Wildrosen, Weiden und Eichen, dazu Pfaffenhütchen, Gemeiner Schneeball, Weißdorn, Schwarzdorn und Holunder.

Typische Heckenbewohner

98← Hecken sind sehr wichtig für Tiere als Rückzugsgebiet, Versteck, Ort zur Futtersuche,

Sommer:
«Neuntöter»

Jungenaufzucht usw. Zauneidechsen, Goldammern, Neuntöter, Igel sowie viele Kleintiere leben in den Hecken oder nutzen sie als Brutort oder Versteck. Ab einer gewissen Größe ziehen nicht nur Vögel und kleine Nagetiere in Hecken ihre Jungen

Igel,
Zauneidechse,
Neuntöter

auf, sondern auch Füchse.

Goldammer in Hecke

Versteck

Die Sträucher und höher gewachsenen Pflanzen bieten Deckung und Tarnung, aber auch Windschutz. Auf dem Weg zwischen Wald und Feldern bieten Hecken für Wildtiere eine willkommene Gelegenheit für einen Zwischenhalt. Sie sind deshalb wichtige Vernetzungsstrukturen für viele Arten. Rehe nutzen die Hecken auch gerne als Tagesversteck. Wenn sie auch Kleinstrukturen wie Ast- oder Lesesteinhaufen beinhalten, so sind sie ideale Überwinterungsplätze für Igel, Reptilien und Amphibien.

→
Haselstrauch

Nahrung

Durchs ganze Jahr hindurch gibt es in Hecken immer Futter in irgendeiner Form: Beeren, Pflanzen, Insekten usw.

Erosionsschutz

Hecken schützen Wiesen vor Erosion, indem sie den Wind oder Wasserabfluss bremsen. Heckenbewohner können sich über plötzlich auftretende Schädlinge in Wiesen und Feldern hermachen und die Schäden somit begrenzen.

→152
Herbst:
Schnecken

Kleinstruktur in Hecke

Wie entstehen Hecken? Und wie werden sie genutzt?

Hecken wurden schon im Mittelalter zur Abgrenzung von Weiden genutzt, und gehören in Mitteleuropa deshalb schon lange zum typischen Landschaftsbild. Durch das regelmäßige Schneiden der jungen Triebe wurden sie früher auch zur Futtergewinnung genutzt. Aber auch das Holz und die Früchte der Heckensträucher wurden regelmäßig geerntet.

Oft wurden die Hecken gezielt angepflanzt, besonders wenn sie als Umzäunung von Weiden dienen sollen. Viele Hecken sind aber auch spontan entstanden. Dies geschah vor allem an Böschungen und Geländestufen, um Lesesteinhaufen und an Wegrändern.

Die Zier- und Sichtschutzhecken, welche man heute in Siedlungsgebieten oft antrifft, sind mit den naturnahen Hecken in der Kulturlandschaft nicht zu vergleichen. Sie bestehen meist aus nur einer Strauch- oder Baumart und weisen entsprechend nicht die hohe Artenvielfalt auf, die für naturnahe Hecken so typisch ist. Oft werden bei Zierhecken auch nicht einheimische Pflanzenarten eingesetzt, die eigentlich gar nicht nach Mitteleuropa gehören und der einheimischen Fauna keinen Nutzen bringen.

Beobachtungstipps

> Kennen Sie eine schöne, gut strukturierte Hecke in Ihrer Umgebung? Besuchen Sie diese im Jahresverlauf regelmäßig und notieren Sie sich die dabei beobachteten Tierarten. Suchen Sie sich für die Beobachtung eine Stelle mit einem guten Überblick aus.

> Achten Sie einmal darauf, wo in der Landschaft die meisten Hecken zu finden sind. Sind das Standorte, die nur unter erschwerten Bedingungen genutzt werden können? Oder kennen Sie Hecken, die noch als Abgrenzungen und Umzäunungen genutzt werden? Oder kennen Sie sogar Hecken, die gezielt zur Landschaftsaufwertung angepflanzt worden sind?

> Stellen Sie sich an einem Tag mit starkem Wind in den Windschutz einer Hecke und ungeschützt in den Wind, um die Unterschiede zu spüren. Experimentieren Sie, wie viele Meter von der Hecke entfernt der Windschutz wegfällt.

Fragen

> Weshalb sind die Hecken im Siedlungsbereich ökologisch von geringem Wert?

192←
Antworten
> Sind Hecken natürliche Strukturen?

Artenvielfalt und ökologische Nische

Sie haben sicher auch schon in Bestimmungsbüchern zur Fauna und Flora Mitteleuropas geblättert. Ist es nicht erstaunlich, wie viele verschiedene Tier- und Pflanzenarten hier vorkommen? Die Anzahl Tier- und Pflanzenarten, die in einer Region leben, sind Bestandteil der regionalen Biodiversität. Neben der Artenvielfalt gehören auch die genetische Vielfalt sowie die Vielfalt der Lebensräume zur Biodiversität. Die Biodiversität ist nicht überall auf der Welt gleich groß. Allgemein gilt, dass sie gegen die Pole abnimmt und gegen den Äquator zunimmt. Allerdings gibt es auch in Mitteleuropa große Unterschiede in der Artendichte. So weisen beispielsweise Hecken eine wesentlich größere Biodiversität auf als Kunstwiesen. Was aber sind die Gründe, dass eine Region (oder ein Lebensraumtyp) viele und eine andere wenige Arten aufweist? Und weshalb sind Arten, die früher häufig vorkamen, in einigen Regionen selten geworden oder gar ganz verschwunden?

Jede Tier- und Pflanzenart hat aufgrund ihres Körpers und ihrer Lebensweise Ansprüche an den Lebensraum den sie bewohnt. Bei den Pflanzen müssen beispielsweise minimale Standortansprüche an die Bodenstruktur, an Nährstoffe, Wasser, Temperatur und Besonnung erfüllt sein. Tiere wiederum brauchen ein geeignetes Habitat mit genügend Nahrung, Verstecken, Plätzen zur Jungenaufzucht und geeigneten klimatischen Bedingungen. Die Größe der Artenvielfalt einer Region hängt also (unter anderem) davon ab, wie vielen Tier- und Pflanzenarten sie die jeweils erforderlichen Lebensräume anbieten kann.

→ 189
Winter:
«Artenvielfalt
fördern»

Ein bedeutender Faktor für das Vorkommen einer Art ist die Konkurrenz. Viele Arten leben nicht dort, wo sie aufgrund ihrer Ansprüche optimal wachsen und leben könnten, sondern dort, wo sie sich am Besten gegen die Konkurrenz behaupten können. Man muss also zwischen einem physiologischen Optimum und einem ökologischen Optimum unterscheiden. Viele Tiere und Pflanzen mit ähnlichen Ansprüchen an ihr Habitat resp. ihren Standort müssen sich nicht unbedingt konkurrieren falls sie beispielsweise zu unterschiedlichen Tageszeiten jagen oder verschiedene Nahrungsquellen haben. In der Ökologie spricht man daher auch von *ökologischen Nischen*, die jede Art innerhalb eines Ökosystems besetzen. Die Spezialisierung auf eine bestimmte ökologische Nische kann auf verschiedenen Faktoren beruhen:

→ 30
Einleitung:
«Wachsen und
Kämpfen»

Ressourcenabhängig
› Unterschiedliche Nahrungsquellen (Pflanzen oder Beutetiere)
› Unterschiedliche Nährstoffgewinnung (Schmetterlingsblütler oder insektenfressende Pflanzen)
› Unterschiedliche Wirtsarten

→114
Sommer:
«Parasiten»

Räumlich

> Unterschiedliche Orte zur Nahrungssuche (Mikrohabitate oder geografische Verbreitung)
> Unterschiedliche Brutstandorte
> Spezialisierung auf bestimmte Körperteile eines Wirtes

Zeitlich

127← > Unterschiedliche Aktivitätszeiten (Tages- oder Jahreszeiten)

Sommer:
«Die Nacht» > Unterschiedliche Fortpflanzungszeiten

Viele dieser Faktoren spielen zusammen und können selten isoliert betrachtet werden. Aber erst die erwähnten Spezialisierungen ermöglichen eine hohe Artenvielfalt auf relativ kleinem Raum. Aus dieser Tatsache kann man auch ableiten, weshalb vielerorts die Artenvielfalt in unserer Kulturlandschaft stark zurückgegangen ist: Gleichförmige, intensiv genutzte und artenarme Grünlandflächen bieten nur noch eine beschränkte Auswahl an Spezialisierungsmöglichkeiten. In einer Kulturlandschaft hingegen, die nur extensiv genutzt wird und strukturreiche Waldränder, Hecken und Einzelbäume aufweist, finden sehr viele verschiedene Arten ihre ökologische Nische.

Beobachtungstipps

Suchen Sie sich einen möglichst vielversprechenden Beobachtungsstandort in je einer intensiv genutzten, ausgeräumten Kulturlandschaft und einer vielfältigen, strukturreichen Kulturlandschaft. Zählen Sie eine bestimmte Zeit lang, wie viele verschiedene Tierarten Sie an den jeweiligen Standorten entdecken konnten. Dabei müssen Sie die Tiere nicht bestimmen können; es reicht, wenn Sie wissen, dass Sie unterschiedlichen Arten angehören.

Fragen

> Wie viele verschiedene Pflanzenarten können auf intensiv genutzten Kunstwiesen gefunden werden?
> Wie viele Pflanzenarten sind es auf Magerwiesen?
> Welche Faktoren können das Vorkommen oder Fehlen einer Tierart in einem bestimmten Lebensraum bestimmen?
> Welche Möglichkeiten zur Konkurrenzvermeidung haben Tierarten, die denselben Lebensraum bewohnen?

→192,193
Antworten

Linke Seite: Vielfältige, extensiv genutzte Magerwiesen bieten mehr Arten eine ökologische Nische als gleichförmige, intensiv genutzte Grünflächen.

Frühling

Einleitung

Im Frühling, wenn die Tage wieder länger werden, vermag die Sonne den Boden wieder besser zu erwärmen. Auch wenn im März und April die Nächte noch frostig sein können, so wird das Erwachen der Natur aus einer langen Winterruhe bald erlebbar. Zwischen den dürren und vom Schnee niedergedrückten letztjährigen Gräsern und Kräutern wird nackter Boden sichtbar. Noch sind auch die Gänge der Wühlmäuse, die sie unter der Schneedecke angelegt haben, sehr gut zu sehen. An den besonders geschützten und besonnten Stellen zeigen sich bald die ersten Frühlingsboten: Krokus, Schneeglöckchen und Busch-Windröschen. Bald sind auch bereits schon die ersten Schmetterlinge unterwegs. Das gilt besonders für Arten wie den Zitronenfalter oder den Kleinen Fuchs, welche als Falter überwintert haben und daher bei ausreichenden Temperaturen schon früh im Jahr aktiv sein können. Und natürlich ist auch der Gesang der Vögel im Frühling wieder vermehrt zu hören. Die Feldlerche ist schon sehr früh wieder da; etwas später ist auch das typische «Pick-Per-Wick» der Wachteln gut zu hören. In den noch laubfreien Hecken und Bäumen lassen sich jetzt die Männchen von verschiedenen Vogelarten besonders gut beobachten.

→70
Sommer:
«Bunte Wiesen-
besucher»

→182, 187
Winter:
«Tierspuren»,
«Zitronenfalter»

Die Feldlerche und andere Wiesenbrüter

Feldlerche

→ Feldlerchen sind oft leichter zu hören, als zu sehen. Am einfachsten sind sie zu
→ beobachten, wenn sie ihren Gesang in großer Höhe vortragen. Die jubilierenden
Männchen scheinen dann in der Luft zu stehen und singen mehrere Minuten ohne
abzusetzen. Dies ist ihnen nur möglich, weil die sehr kurzen Phasen des Einatmens
den Gesang für uns nicht wahrnehmbar unterbrechen.

Die Feldlerche, welche im Februar und März aus den südlichen Winterquartieren
zurückkehrt, ist eine typische Bewohnerin des offenen Geländes. Sie kommt in Wiesen, offenem Brachland, Ackerland und auch auf Alpweiden und am Rande von
Feuchtgebieten vor. Als ursprüngliche Bewohnerin der Steppen besiedelt sie wahr-

12 ← scheinlich bereits seit langer Zeit unsere Kulturlandschaft. Sie ist mit ihrer Färbung

*Einleitung:
«Aus Wäldern
wurden Weiden
und Wiesen»*

hervorragend getarnt und bei der Nahrungssuche am Boden schwer zu entdecken.
Feldlerchen fressen Sämereien, grüne Pflanzenteile und während der Brutzeit auch
Insekten und Spinnen.

Feldlerche

Das Nest der Feldlerche wird am Boden in lückiger, niedriger Vegetation angelegt. Es besteht aus einer selbst gescharrten Mulde, die mit Grashalmen und Wurzelteilen ausgekleidet wird. Je nach Höhenlage beginnt die Brutzeit der Lerchen ab Mitte April. In tieferen Lagen finden meist zwei Bruten pro Jahr statt.

Seit mehreren Jahrzehnten nehmen die Bestände der Feldlerche in vielen Regionen Mitteleuropas stark ab. Als Grund dafür wird vor allem die Intensivierung der Landwirtschaft verantwortlich gemacht. Besonders problematisch sind kurze Mahdintervalle, die den erfolgreichen Abschluss des Brutzyklus verhindern. Aber auch die Zersiedlung und die Verbuschung von nicht mehr genutzten Flächen führen zum Verlust der Feldlerchen-Lebensräume.

Ein anderer typischer Wiesenvogel ist die nur etwa starengroße Wachtel. Sie ist
der kleinste Hühnervogel Europas und die einzige Art aus dieser Familie, die im
Wachtel
Winter in den Süden zieht. Im Gegensatz zur Feldlerche ist die Wachtel kaum zu entdecken. Sie trägt ihr «Pick-Per-Wick» zum Anlocken der Weibchen nur gut geschützt in der Bodenvegetation vor. Leider sind auch bei der Wachtel die Aussichten auf eine erfolgreiche Brut nicht gut: Die intensive Nutzung ihres Brutgebietes sowie die frühe Mahd beenden auch ihre Brutversuche oft vorzeitig.

Wachtel

Wachtelkönig

Rebhuhn

Noch seltener als Lerche und Wachtel sind zwei weitere früher verbreitete Wiesenvögel: der Wachtelkönig und das Rebhuhn. Der Wachtelkönig hat seinen wissenschaftlichen Namen *Crex crex* seinem nachts und in der Dämmerung unermüdlich vorgetragenen Ruf zu verdanken. In Mitteleuropa ist er bis auf einzelne Rufer im Alpenraum und in extensiv genutzten Landschaften praktisch nirgends mehr zu hören. Auch das Rebhuhn ist nur noch sehr selten anzutreffen.

Beobachtungstipps

Kennen Sie bereits Gegenden in Ihrer Nähe, wo die Feldlerchen noch singen? Besuchen Sie doch einmal frühmorgens diesen Ort und richten Sie sich für eine längere Beobachtung dieser Meistersänger ein. So ein Morgen wird sicher unvergesslich werden: Mit etwas Glück können Sie dabei beobachten, wie die Männchen vom Boden auffliegen und singend in die Höhe steigen, dann hoch am Himmel ihren ausdauernden Gesang zur Anlockung von Partnerinnen und zur Reviermarkierung präsentieren. Zum Abschluss des Singfluges lassen sie sich oft mit fallschirmartig ausgebreiteten Flügeln zu Boden gleiten.

Vielleicht können Sie aber auch am Boden singende Feldlerchen beobachten. Dazu ist aber ein Fernglas nötig, weil man sich dem Neststandort auf keinen Fall nähern sollte. Können Sie durch das Fernglas gar sehen, was die Feldlerchen fressen und den Jungen verfüttern?

Fragen

› Wieso bevorzugt die Feldlerche offene Landschaften?

193←
Antworten
 › Was frisst die Feldlerche?

Oben: Rebhuhn
Unten: Wachtelkönig

Wer hat in die Wiese gespuckt?

Im Frühling, wenn die Wiesen blühen, kleben an den Wiesenpflanzen manchmal Schaumballen, die wie Spucke aussehen. Doch solche Mengen kann kein Mensch hinterlassen haben. Aber auch der Kuckuck war es nicht, obwohl diese Schaumgebilde auch «Kuckucksspeichel» genannt werden. Wer also hat hier in die Wiese gespuckt?

 ←

Wiesenschaum-
zikade

Die Schaumgebilde sind Nester der Larven der Wiesenschaumzikaden *(Philaenus spumarius)*. Frisch aus dem Ei geschlüpft, produzieren die nur Millimeter großen Larven Schaumballen, um darin vor Feinden und vor Austrocknung geschützt zu sein. Besonders oft kleben die Weibchen ihre Eier an das Wiesen-Schaumkraut *(Cardamine pratensis)* – deshalb heißt diese Wiesenpflanze wahrscheinlich auch so. Der Schaum besteht zu über 99 % aus Wasser, der kleine Rest sind Schleimstoffe und Eiweiße. Dank diesen Zusatzstoffen ist dieser Schaum so stabil, dass ihn auch starker Regen nicht zerstört.

Wiesenschaumkraut
(Cardamine pratensis)

Spezielle Anpassungen für das Leben im Schaum

Die Larven der Wiesenschaumzikaden besitzen am Bauch eine Atemhöhle, in die Atemröhren (Tracheen) münden. Statt einer Lunge besitzen Insekten ein System solcher Atemröhren, die den ganzen Körper durchziehen. Damit die Larve im Schaum atmen kann, hält sie ihre Hinterleibsspitze, durch welche die Luft in die Atemhöhle gesaugt wird, immer nahe an die Oberfläche.

Vom Ei zum ausgewachsenen Insekt

Wiesenschaumzikaden verwandeln sich vom Ei über die Larve direkt zum ausgewachsenen Tier. Ein Puppenstadium wie bei den Schmetterlingen fehlt. Deshalb wird diese Entwicklung unvollständig (hemimetabol) genannt. Nach fünf Larvenstadien, die zusammen etwa 50 Tage dauern, sind Wiesenschaumzikaden ausgewachsen. Die zuerst noch grünen Insekten verlassen darauf ihr Schaumnest, um zu trocknen und vollständig auszufärben, was etwa zehn Tage dauert. Kurz darauf sind die Weibchen schon fortpflanzungsfähig. Ausgewachsene Wiesenschaumzikaden findet man von Juni bis in den Spätherbst hinein. Die bis zu sieben Millimeter großen Insekten können sehr unterschiedlich gefärbt und gemustert sein. Zwischen Strohgelb über Braun

→**70, 118**
Sommer:
«Bunte Wiesen-
besucher»,
«Heuschrecken»

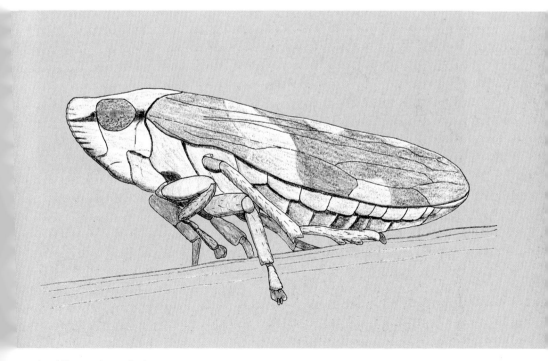

Wiesenschaumzikade

zu Schwarz sind fast alle Farbschattierungen möglich. Wiesenschaumzikaden falten ihre Flügel, wie alle Zikadenarten, dachartig zusammen. Sie ernähren sich von Pflanzensäften, die sie über ihren Saugrüssel aufnehmen. Selber werden sie von Vögeln, Amphibien, größeren Insekten sowie von Spinnen gefressen.

Ein Schaumnest an Betonienblättriger
Rapunzel (Phyteuma betonicifolium)

Spüren statt hören

Mit ihren Facettenaugen erkennen sie Farben und Formen. Dies ermöglicht ihnen, gezielt bestimmte Pflanzen anzufliegen oder Verfolger zu bemerken. Wiesenschaumzikaden besitzen auch die Fähigkeit, den Untergrund passend zu ihrer Körperfarbe auszuwählen, um so besser getarnt zu sein. Im Gegensatz zu vielen anderen Wiesenbewohnern produzieren Wiesenschaumzikaden keine für uns hörbaren Geräusche. Sie haben auch kein Hörorgan. Dafür besitzen sie an der ganzen Körperoberfläche Rezeptoren, mit denen sie Luftströmungen, Vibrationen oder die Oberflächenbeschaffenheit von Pflanzen wahrnehmen können. Mit Vibrationen machen Weibchen und Männchen auf sich aufmerksam.

→106
Sommer:
«Warnen, Tarnen, Täuschen»

Weltweit verbreitet

Außer in der Arktis und Antarktis gibt es kaum ein Gebiet auf der Erde, wo die Wiesenschaumzikade nicht vorkommt. Sie lebt vom Flachland bis auf etwa 1800 m ü. M. und besiedelt dabei die unterschiedlichsten Lebensräume. Allerdings setzen ihr Feuchtigkeit und Temperatur Grenzen: Zu feuchte oder zu trockene Lebensbedingungen, zu niedrige oder zu hohe Jahresdurchschnittstemperaturen behagen ihr nicht. Die Wiesenschaumzikade wurde auch in neue Gebiete verschleppt, wie die Azoren, Hawaii oder Neuseeland, und konnte dort dank ihrer großen Anpassungsfähigkeit ebenfalls heimisch werden. Wenn unter ungünstigen Lebensbedingungen alle ausgewachsenen Tiere sterben, so können von dieser Art vielleicht doch noch einige Eier überleben. Später, wenn die Bedingungen sich geändert haben, kann daraus wieder eine Population entstehen. Ein einzelnes Weibchen legt bis zu 400 Eier. Trotzdem vermehren sich Wiesenschaumzikaden nie übermäßig, weil sie viele Feinde haben (z. B. Vögel, Spinnen, größere Insekten und Amphibien).

→98, 158
Sommer:
«Neuntöter»;
Herbst:
«Spinnen und Altweibersommer»

Weltrekord im Hochsprung

Die Wiesenschaumzikade kann aus dem Stand heraus 70 cm hoch springen. Diese Leistung ist Weltrekord: Kein anderes Lebewesen, nicht einmal der Floh, springt im Verhältnis zu seiner Körperlänge höher als sie! Um die gleiche Leistung zu vollbringen, müsste ein Mensch etwa 200 m hoch springen. Diese enorme Sprungfähigkeit ist für Schaumzikaden wichtig, um sich rasch vor Feinden in Sicherheit zu bringen.

Fragen

> An welchen Pflanzen können Sie Schaumnester von Schaumzikaden finden?
> Wo kleben die Schaumnester an der Pflanze?

→193
Antworten

Die Zauneidechse

Ein leises Rascheln, ein kurzer Blick – vielleicht sehen sie gerade noch den Schwanz einer Zauneidechse verschwinden! Wenn Sie eine Weile ganz ruhig stehen bleiben, so wird das Tier oft schon nach kurzer Zeit seinen Kopf wieder aus dem Versteck strecken. Vorsichtig verlässt es dieses nach und nach, um sich schließlich wieder auf ein Stück Totholz an die wärmende Sonne zu legen oder auf Insektenjagd zu gehen.

Zauneidechse

Leider gehören solche Begegnung vielerorts nicht mehr zum Alltag: In dichter besiedelten Gebieten ist die Zauneidechse recht selten geworden. Dort aber, wo es sie noch gibt, verlassen die Zauneidechsen bei steigenden Temperaturen im Frühling ihre Winterquartiere. Meist erschienen zuerst die Jungtiere. Kurze Zeit später sind

Weibchen (links) und Männchen (rechts)
der Zauneidechse

aber die Männchen und etwa zwei Wochen später auch die Weibchen wieder unterwegs. Wie alle Reptilienarten können Zauneidechsen ihre Körpertemperatur nicht unabhängig von der Umgebungstemperatur regulieren. Sie müssen daher von der Sonne auf «Betriebstemperatur» gebracht werden. Eine gute Gelegenheit, diese flinken Echsen zu beobachten! Denn an heißen Sommertagen müssen sie sich vor Überhitzung schützen und bleiben deshalb oft versteckt. Deshalb sind sie im Sommer oft auch schwieriger zu beobachten als im Frühling.

→185
Kurzinfo Winter:
«Amphibien und Reptilien»

Merkmale
Zauneidechsen lassen sich aufgrund ihrer kräftigen Gestalt, dem stumpfschnauzigen Kopf und den charakteristischen hellen Rückenstreifen sowie den dunkelbraunen Rückenflecken relativ leicht bestimmen. Die Männchen sind zudem an ihren grünen Flanken einfach zu erkennen.

Verbreitung und Lebensraum
Das Verbreitungsgebiet der Zauneidechse erstreckt sich über weite Teile Mittel- und Osteuropas bis hin nach Südskandinavien. Über 1000 m ü.M. begegnet man ihnen jedoch nur noch selten. Damit sie sich wohlfühlen, müssen gut besonnte Standorte mit hoher, lückiger Vegetation und verschiedenen Versteckmöglichkeiten vorhanden sein. Hecken, Böschungen und Waldränder mit Stein- und Asthaufen oder verfilztem Altgras bieten besonders gute Lebensräume. Dies gilt nicht nur hinsichtlich der Versteckmöglichkeiten sondern auch in Bezug auf das Nahrungsangebot.

Insekten und Spinnen
Auf der Jagd streifen die Zauneidechsen oft züngelnd umher, damit sie mit ihrem Geruchsorgan auch getarnte und versteckte Beute wahrnehmen können. Dabei werden Geruchsstoffe mit der Zunge zum Geruchsorgan, dem sogenannten Jacobsonschen Organ, gebracht. Manchmal lauern sie aber auch regungslos auf einem Ansitz auf unachtsame Beutetiere. Das Nahrungsspektrum umfasst hauptsächlich Insekten wie Heuschrecken, Käfer und Wanzen, zuweilen aber auch Spinnen.

→118
Sommer:
«Heuschrecken»

Ideale Brutplätze
Meist im Juni oder Juli, einige Wochen nach der Paarung, suchen die Weibchen eine Stelle, an der sie ihre fünf bis neun Eier vergraben können. Ideale Standorte sind kahle, südexponierte und sandige Flächen, die von der Sonne gut erwärmt, aber doch auch nicht zu heiß werden. Nach zwei bis drei Monaten, im August oder September, schlüpfen die Jungtiere.

Deckung suchen

Junge Zauneidechsen sind häufige Beute von Vögeln, Kröten und Schlangen. Aber auch ausgewachsene Tiere sind nicht ohne Fressfeinde: Sie müssen sich besonders vor Greifvögeln wie dem Turmfalken und dem Mäusebussard in Acht nehmen. In siedlungsnahen Gebieten haben zudem die vielen Hauskatzen einen stark negativen Einfluss auf die Populationen. Sie können diese stark dezimieren und sogar zum Verschwinden bringen.

Mäusebussard

Um diesen Gefahren zu begegnen, verfügt die Zauneidechse über verschiedene Schutzstrategien. Neben der Tarnfärbung ist sie darauf bedacht, immer in Reichweite von Deckungsstrukturen zu bleiben. Wird die Zauneidechse trotzdem von einem Feind am Schwanz gepackt, so kann sie diesen an einer der Sollbruchstellen abwerfen. Diese Fähigkeit besitzen auch die anderen einheimischen Eidechsenarten. Sie büßt dadurch aber an Schnelligkeit und Beweglichkeit ein. Der Schwanz wächst zwar wieder nach, erreicht aber nicht mehr seine ursprüngliche Länge.

108←
Sommer:
«Warnen, Tarnen
und Täuschen»

Eine Mauereidechse, die den Schwanz
abgeworfen hat.

Überwinterung

Und was machen den die Zauneidechsen im Winter? Haben sie genügend Fettreser- →173
ven für die lange Überwinterung und die anschließende Fortpflanzungszeit angelegt, *Winter:*
so ziehen sie sich in ihr Winterquartier in Mauern, unter Stein- oder Asthaufen oder *«Überlebensstra-*
auch in Mäuselöcher zurück. Im Zustand der Winterstarre brauchen sie nur sehr *tegien im Winter»*
wenig Energie und Wasser und verlieren so im Winterhalbjahr nur etwa zehn Prozent
ihres Körpergewichtes.

Unordnung   ℹ

Sind ihnen Vorkommen der Zauneidechse in Ihrer Wohngemeinde bekannt?
Oder kennen Sie womöglich Standorte, wo diese Art früher häufig war? Falls
der Lebensraum nicht völlig zerstört wurde, kann es sein, dass dort immer
noch ein Restvorkommen existiert. Zudem gibt es ein einfaches Rezept, wie
Sie der Zauneidechse helfen und eine Population stärken können: Tolerieren
oder schaffen Sie etwas «Unordnung». Totholz, Steine und Altgras an
Böschungen, Hecken und Waldrändern bieten für die Zauneidechse gute
Lebensbedingungen. Sind solche aufgewerteten Elemente nicht völlig isoliert
von ähnlichen bewohnten Strukturen, so besteht sogar die Chance einer
natürlichen Wiederbesiedlung.

«Unordentliche» Totholzhaufen bieten den
Zauneidechsen Unterschlupf und Sonnen-
plätze zum Aufwärmen.

Beobachtungstipp

Zauneidechsen lassen sich in den Morgen- oder Abendstunden am besten beobachten. Die Lufttemperatur ist dann zu niedrig, um ihren Körper auf optimaler Betriebstemperatur zu halten. Daher suchen die Eidechsen zu diesen Zeiten besonders gerne gut besonnte Stellen auf, um sich aufzuwärmen. Am besten können Beobachtungen an strukturierten Waldrändern oder Böschungen gelingen. Bewegen Sie sich in einem langsamen Spaziergangstempo entlang des potenziellen Lebensraumes und achten Sie dabei auf schnelle Bewegungen oder kurzes Rascheln. Wenn Sie etwas bemerken, so bleiben Sie stehen und versuchen Sie, den Standort zu lokalisieren. Können Sie Männchen und Weibchen und vielleicht sogar Jungtiere sehen?

Fragen

> Wann kann man Zauneidechsen gut beobachten?
> Was passiert, wenn eine Eidechse, die ihren Schwanz bereits einmal abwerfen musste, wieder am nachgewachsenen Schwanz gepackt wird?

193←
Antworten

Die Feldgrille

Es gibt wohl kaum ein anderes Geräusch in den Frühlingswiesen,das so klar mit der Frühlingszeit verbunden wird, wie der Gesang der Feldgrillen. Diese relativ großen Insekten mit ihrem fast schwarzen Körper können vor dem Eingang ihrer selbst gegrabenen Höhlen gut beobachtet werden. Als Lebensraum bevorzugen sie trocken-warme Standorte mit eher lückiger Vegetation. Ihre Larven sind an den noch nicht fertig entwickelten Flügeln gut zu erkennen. Da die Feldgrillenmännchen ihren Gesang, auch «Stridulation» genannt, mit ihren Flügeln erzeugen, können sie damit erst beginnen, wenn die Entwicklung der Flügel abgeschlossen ist. Dies ist im Mai der Fall, wenn sie mit ihrem Gesang die Weibchen anzulocken versuchen. Das typi-sche Zirpen wird erzeugt, indem die schräg aneinandergestellten Vorderflügel rasch gegeneinander bewegt werden. Dabei streift die glatte Schrillkante des rechten Flü-gels über die gezähnte Schrillleiste des linken Flügels.

→
→ Feldgrille

→118
Sommer:
«Heuschrecken»

Das Gehör der Feldgrillen befindet sich in ihren Vorderbeinen. Es ist bei ganz genauem Hinsehen an den Öffnungen mit einem Trommelfell zu erkennen.

Ausgewachsene Feldgrillen und deren Larven ernähren sich vorwiegend von Wurzeln und Blättern, fressen aber auch kleiner Bodentiere und deren Kadaver. Feldgrillen können trotz ihrer Flügel nicht fliegen und springen im Gegensatz zu den meisten Heuschreckenarten auch nur selten. Sie sind aber sehr flinke Läufer.

Feldgrillenlarve vor ihrer Höhle

Beobachtungstipps

Für die Beobachtung dieser typischen Wiesenbewohner brauchen Sie ein bisschen Geduld. Meistens verschwinden sie bei der ersten Annäherung im Boden. Wenn sie aber in ihrem Gang verschwunden sind, so können Sie sich in aller Ruhe in einer günstigen Beobachtungsposition einrichten. Sobald Sie ruhig verharren, dauert es nicht lange, bis die Tiere ihre Gänge wieder verlassen. Wenige Minuten später liegen sie meist wieder an einem sonnigen Platz. Manchmal kann man sie auch mit einem Grashalm, den man vorsichtig in ihre Höhle steckt, herauslocken. Es kommt vor, dass sie dann in den Halm beißen und sich vorsichtig und langsam herausziehen lassen. Lassen Sie aber gefangene Tiere wieder in unmittelbarer Umgebung ihres Ganges frei, damit sie dort rasch wieder Schutz finden können.

Frage

› Wieso singen die ersten Feldgrillen, die man im Frühling vor ihren Erdlöchern sehen kann, noch nicht?

192←
Antwort

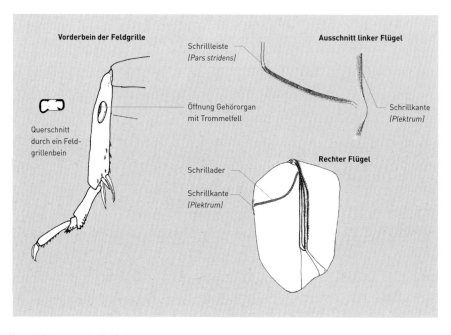

Gehörorgan der Feldgrille

Stridulationsorgan der Feldgrille

Kurzinformationen Frühling

Löwenzahn

Blühende Löwenzahnwiesen leuchten schon von Weitem. Von Natur aus würde der →21
Löwenzahn allerdings nie so zahlreich wachsen. Er wird gefördert durch den auf *Einleitung:*
«Wiese ist nicht
gedüngten Wiesen reichlich vorhandenen Stickstoff. Als Stickstoffzeiger zeigt er gleich Wiese»
deshalb nährstoffreiche, gedüngte Böden an. Auch sonst ist er an ein Leben in der
intensiv genutzten Wiese gut angepasst: Seine Blattrosette nahe an der Bodenoberfläche wird von der Mähmaschine kaum erfasst, sodass er sich im Gegensatz zu
anderen Arten, denen jeweils sämtliche Blätter abgeschnitten werden, rasch erholen und nachwachsen kann. Seine gelben Blüten haben sich bereits vor dem ersten
Schnitt, der je nach Höhenlage schon Ende Mai erfolgt, in weiße «Fallschirmchen-
träger» verwandelt: Diese Fallschirmchen – Samen – sind nur ein halbes Gramm
schwer und können vom Wind kilometerweit verweht werden. Bei Windstille sinken
sie etwa 20 Mal langsamer als richtige Fallschirme. Nach der Landung verhaken
sich die Früchtchen mit ihren rückwärts gerichteten Häkchen wie Anker an kleinsten
Bodenunebenheiten. Damit wird verhindert, dass sie wieder fortgeweht werden. Falls
der Landeort ungünstig ist zum Keimen, so spielt das keine wesentliche Rolle: Der
Löwenzahn kann warten. Die Keimfähigkeit der Samen bleibt mehrere Jahrzehnte
lang bestehen. Auf jedem Blütenkopf einer Löwenzahnpflanze sitzen ca. 200–400
dieser Schirmchen.

Die Blüten des Löwenzahns leuchten von
Weitem.

Waldbewohner auf Futtersuche in Wiesen

Feldhase

35, 175←
Einleitung:
«Lebensraum
Hecke»;
Winter:
«Der Feldhase»

Pflanzen auf einer sonnigen Wiese wachsen früher als solche im schattigeren Wald. Pflanzen fressende Waldbewohner wie Rehe, Hirsche oder Hasen suchen daher ihr Futter im Frühling gerne auf den einladenden Grünflächen. Dabei dienen ihnen Hecken, Brachstreifen oder Lesesteinhaufen als wichtige Deckungs- und Rückzugsmöglichkeit. Besonders Hasen halten sich nicht gerne auf weiten Flächen ohne Deckung auf.

Diese Spur stammt von einem Reh.

Jagdgebiet für Greifvögel

Oft kreisen Greifvögel wie Rotmilan oder Mäusebussard über den Wiesen. Wenn das Gras noch nicht so hoch gewachsen ist, sind für sie die Mäuse leichter zu erkennen. Greifvögel können auch das UV-Licht wahrnehmen, das durch die Urinspuren der Mäuse reflektiert wird. Bäume oder größere Sträucher in Hecken werden dabei gerne als Sitzwarten benutzt. Manchmal stellt ein Bauer für die Greifvögel auch Sitzstangen auf.

→139
Kurzinfo Sommer:
«Tiefflieger»

→ Rotmilan und Mäusebussard

Jagender Rotmilan

Rehkitzversteck

Rehkitz

Meist im Mai kommen die Rehkitze zur Welt. Die Ricke legt ihre ein bis zwei Jungen in Wiesen ab und sucht sie nur zum Säugen auf. Rehkitze verbringen ihre erste Woche stundenlang alleine in ihrem Wiesenversteck. Mit ihrem gefleckten Fell sind sie gut getarnt vor Feinden aus der Luft. Weil sie noch keinen Eigengeruch haben, sind sie auch für Bodenfeinde kaum auffindbar. Etwa nach einer Woche können sie schon so gut gehen, dass sie der Mutter folgen und sich vor Gefahren in Sicherheit bringen können. Obwohl sorgfältige Bauern vor dem Mähen die Wiesen absuchen, kommt es leider immer wieder vor, dass Rehkitze beim Mähen getötet werden.

Sollten sie dennoch einmal ein Rehkitz entdecken, so berühren Sie es nicht, sondern lassen Sie es in Ruhe. Seine Mutter, die Ricke, die bestimmt zurückkommt, um es zu säugen, könnte sonst vom menschlichen Geruch abgehalten werden. Was Sie hingegen tun sollten, ist, den Bauern des Feldes zu informieren, damit er das Feld nicht mäht, solange das Kitz dort ist.

Rehkitz in der Wiese

Beobachtungstipps

> Haben Sie schon einmal ein Löwenzahn-Fallschirmchen mit Frucht unter der Lupe betrachtet?
> Pusten Sie Löwenzahnschirmchen weg und beobachten Sie, wie sie von Luftströmungen oder vom Wind weggetragen werden.
> Versuchen Sie Schirmchen, die bereits am Boden gelandet sind, wieder wegzupusten.
> Beobachten Sie einen Rotmilan oder einen anderen Greifvogel beim Jagen über einer Wiese. Achten Sie dabei darauf, wie elegant er die Schwanzfedern zum Steuern einsetzt.
> Beim Beobachten der Greifvögel über den Wiesen sind mitunter Individuen zu sehen, die mit schlagenden Flügeln über derselben Stelle stehen bleiben. Man spricht dabei auch von einem «Rütteln». Es ist das typische Verhalten des Turmfalken bei der Jagd: Dank dem Stillstehen kann er seine Beute leichter entdecken.
> Manchmal kann man schmale Fährten von Wildtieren entdecken, die in Wiesen hinein oder wieder hinaus führen. Sie sollten ihnen nicht folgen, da sie z. B. zu einem Rehkitz führen könnten.

Fragen

> Woran ist der Rotmilan gut zu erkennen?
> Warum sind bei nassem Wetter die Blütenköpfchen mit den Löwenzahn-Fallschirmchen geschlossen?

→194
Antworten

Sommer

Einleitung

Das Leben auf den Wiesen, Weiden und in den Hecken hat jetzt Hoch- →
saison. Die Tage sind lang, alles wächst und blüht, und die Nächte sind
Sommerwiese

mild, sodass es auch in der Dunkelphase nie ganz ruhig wird. Auf den →
Lebensraum

Wiesen steht das Gras hoch, und überall krabbelt, fliegt und singt es. Wiese

Die Jungvögel haben teilweise bereits das Nest verlassen. Bei einigen

Arten sind die Altvögel bereits mit der zweiten Brut beschäftigt. Wo →
Wiesentypen

man auch hinschaut, gibt es vieles zu entdecken.

Der Sommer ist aber nicht nur die Zeit des Überflusses und der Fortpflanzung, sondern auch die Zeit der Jäger im Tierreich. Die üppige
Vegetation bietet für Jäger und Gejagte viele Möglichkeiten zum Verstecken, aber nicht nur für die potenziellen Beutetiere.

Die hohen Sommertemperaturen, Wassermangel und die intensive
Sonneneinstrahlung können an exponierten Standorten und für gewisse
Arten aber auch zu Problemen führen.

Bunte Wiesenbesucher mit klangvollen Namen

Hauhechel-
Bläuling, Kleiner
Fuchs

Es gibt wohl keine andere Gruppe unter den Insekten, die so vorbehaltlos unsere Sympathie genießt wie die Schmetterlinge. Wo viele und verschiedene Schmetterlinge über eine Wiese gaukeln, da scheint die Natur noch in Ordnung zu sein. Wahrscheinlich können auch die meisten die auffälligsten und relativ häufigen Arten erkennen und benennen. Und es ist sicher auch die wundersame Verwandlung aus einer oft eher unscheinbaren Raupe zum prächtigen Schmetterling, die fasziniert und zur Sympathie der Tiere beiträgt.

Lebensweise und Ansprüche der Schmetterlinge

12←
Einleitung:
«Aus Wäldern
wurden Wiesen
und Weiden»

Das Bild einer blumenreichen Wiese mit blauen, braunen, roten oder gemusterten Schmetterlingen entspricht meistens nicht der Realität in unserer Kulturlandschaft. Vielerorts sind nur vereinzelte und vorwiegend weiße Schmetterlinge zu sehen. Allenfalls lassen sich noch Wanderfalter, wie der Distelfalter oder der weit verbreitete Kleine Fuchs oder ein Hauhechel-Bläuling entdecken. Leider ist diese Verarmung oft auch an eigentlich noch relativ blumenreichen Wiesen festzustellen.

Viele Schmetterlinge können an ganz unterschiedlichen Blüten Nektar saugen. Mit ihrem langen Saugrüssel können sie auch das Nektarangebot in tiefen Blütenkehlchen nutzen. Sie saugen aber auch gerne andere süße Flüssigkeiten, wie den Saft von überreifen Früchten oder den von Blattläusen ausgeschiedenen Honigtau. Natürlich sind die Schmetterlinge auch in der Lage, in einem gewissen Umkreis neue geeignete Lebensräume zu erreichen und dort ihre Eier abzulegen. Dass gewisse Arten auch sehr weit fliegen können, ist wohl vielen vom Beispiel des amerikanischen Monarchfalters bekannt. Aber auch einige europäische Arten, wie der Admiral oder das Taubenschwänzchen, wandern jedes Jahr von Süden über die Alpen nach Mitteleuropa.

Oben: Großer Perlmutterfalter
am Nektarsaugen.

Unten: Hauhechel-Bläuling

Das Raupenstadium

Für das Fortbestehen einer Schmetterlingspopulation ist in den meisten Fällen nicht die Phase des entwickelten Falters entscheidend. Wesentlich mehr Bedeutung kommt dem Raupenstadium zu. Anders als die Falter können sich die meisten Schmetterlingsraupen nicht von einer Vielzahl unterschiedlicher Nahrungsquellen ernähren, sondern sind auf bestimmte Futterpflanzen angewiesen. Dies ist auch ein Grund, weshalb im Landwirtschaftsgebiet Arten wie der Rapsweißling oder der Kleine Kohlweißling meistens noch häufig sind: Sie benötigen Kreuzblütler als Futterpflanzen, die vielerorts noch häufig vorkommen.

39←
Einleitung:
«Artenvielfalt»

Für das Fortbestehen einer Schmetterlingspopulation ist aber auch die Art und Weise der Wiesennutzung entscheidend. Eine großflächige Mahd mit dem Einsatz eines kleintierschadenden Mähaufbereiters und das Einpacken in Siloballen sind für die Schmetterlingseier, -raupen und -puppen eine Katastrophe. Werden Wiesen aber nach traditioneller Art als Heuwiese genutzt und werden sie auch nicht großflächig und gleichzeitig gemäht, so können sich viele Arten darin gut entwickeln. Die Raupen

Großer Kohlweißling

haben dabei die Möglichkeit, sich aus dem Heu zu entfernen und neue geeignete Futterpflanzen zu suchen. So sind immer Futterpflanzen für die Raupen und Nektarquellen für die Falter vorhanden.

Weshalb aber lassen sich meistens mehr Schmetterlingsarten entdecken, wenn es neben Wiesen und Weiden auch Hecken, Feldbäumen und Hochstammobstbäume hat? Der Grund dafür ist, dass zahlreiche Schmetterlingsraupen nicht krautige Futterpflanzen, sondern gehölzbildende benötigen.

Schmetterlingsraupen sind oft so gefärbt, dass sie auf ihren Futterpflanzen nur schwer zu entdecken sind. Eine andere Strategie zum Schutz vor Fressfeinden stellt das Einrollen in Blätter oder Gespinste dar. Einige Arten haben aber auch lange Haare, die bei Berührung abbrechen und starke allergische Reaktionen auf der Haut auslösen können. Die Raupen der Spanner (Nachtfalter) wiederum können sich von den Zweigen der Futterpflanzen so abheben, dass sie wie ein kleiner Seitenast aussehen und entsprechend meist unentdeckt bleiben.

→117
Beobachtungstipp
«Grabwespe»

Gespinstmottenraupen
in ihrem Gespinst

Ein Sonderfall unter den Schmetterlingsraupen bilden jene Bläulingsarten, die für ihre Entwicklung auf Ameisen angewiesen sind. Die Raupen gewisser Ameisenbläulinge können ein süßes Sekret ausscheiden, welches Ameisen gerne trinken. Die Raupen werden daher von den Ameisen «adoptiert» und in ihr Nest getragen. Die Ameisen tun dies aber nicht, weil sie die Raupen für eine Beute halten. Im Gegenteil: Da Bläulingsarten den Geruch der Ameisen verströmen und sich ähnlich wie ihre Brut verhalten, werden sie teilweise auch gefüttert. Womit die Ameisen aber natürlich nicht rechnen, ist, dass die Bläulingsraupen auch die Ameisenbrut fressen. Wichtig für das Überleben der Bläulinge ist es hingegen, dass sie nach der Verpuppung und dem Schlüpfen der Falter den Ameisenbau schnellstmöglichst verlassen: Als Falter vermögen sie die Ameisen nicht mehr über ihre Identität zu täuschen und werden deshalb von Letzteren angegriffen. Die frisch geschlüpften Falter sind aber noch von sehr vielen «Schuppen» bedeckt, welche die Mundwerkzeuge von eventuell angreifenden Ameisen verkleben.

106←
Sommer:
«Warnen, Tarnen
und Täuschen»

Verpuppung

Ist die Raupe groß genug, wird der letzte Entwicklungsschritt im Leben eines Schmetterlings eingeleitet. Die Raupe sucht sich dafür eine geeignete Stelle, an der sie sich festmacht. Unter den Tagfaltern gibt es zwei Arten, wie sich die Puppen auf ihrer Unterlage befestigen: mit einem Häkchen hängend an einer Gespinstverankerung (Stürzpuppe) oder aufrecht durch einen Gespinstfaden an der Körpermitte befestigt (Gürtelpuppe). Die Puppenphase – also die Metamorphose von der Raupe zum Falter – kann 2 bis 4 Wochen oder bei gewissen Arten auch über den ganzen Winter hin andauern. Dabei werden sämtliche Raupenorgane ab- oder umgebaut, und auch die ganze äußere Gestalt verändert sich. Man spricht deshalb auch davon, dass Schmetterlinge eine «vollständige Metamorphose» durchlaufen.

50, 118←
Frühling:
«Wer hat in die
Wiese gespuckt?»;
Sommer:
«Heuschrecken»

Schmetterlinge als Qualitätszeiger

Durch ihre unterschiedlichen Ansprüche und Nutzungsstrategien eignen sich Schmetterlinge auch sehr gut als Zeiger für den Wert und die Qualität eines Lebensraumes. Oft können vordergründig geringe Änderungen in der Nutzung eines Lebensraumes eine Schmetterlingsart verschwinden lassen. Dies ist besonders dann der Fall, wenn von der veränderten Nutzung die Überwinterungsmöglichkeiten als Ei, Raupe oder Puppe betroffen sind.

«Nicht anfassen! Ohne ihre Schuppen können Schmetterlinge nicht mehr fliegen»

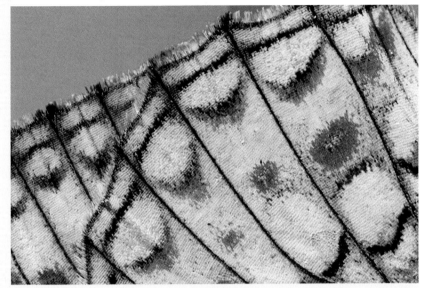

Diese Warnung hört man immer wieder. Sicher ist es richtig, dass man Schmetterlinge nicht anfassen soll. Dass ihre Schuppen aber etwas mit ihrer Flugfähigkeit zu tun haben, ist falsch: «Alte» Falter haben oft nur noch einen Teil ihrer Schuppen und sehen schäbig (man sagt auch «abgeflogen») aus – fliegen tun sie aber trotzdem noch.

Das heißt aber nicht, dass die Schuppen – sie sind eigentlich abgeflachte Haare – keine Funktion hätten. Durch eingelagerte Farbpigmente (Pigmentfarben) oder besondere Oberflächenstrukturen (Strukturfarben) bestimmen sie zum Beispiel die charakteristische Färbung der verschiedenen Arten. Viele Falter besitzen auf den Flügeln auch Bereiche mit Duftschuppen. Diese verströmen einen für die Geschlechtspartner betörend wirkenden Duft und haben entsprechend für die Fortpflanzung eine wichtige Funktion.

Unterseite eines Schmetterlingsflügels.
Die unzähligen kleinen Schuppen sind gut
sichtbar.

Die große Gruppe der Unbekannten

Sprechen wir von den Schmetterlingen, so denken wir meistens nur an die Tagfalter. Nach dem Einsetzen der Dämmerung beginnt aber die Zeit der nachtaktiven Falter. Ihre Vielfalt ist bedeutend größer als jene der Tagfalter. Unter den Nachtfaltern gibt große und prächtige Arten (z. B. unter den Schwärmern), aber auch unzählige kleine und gut getarnte Arten. Letztere kann man oft irgendwo an einer Hauswand oder an einem Baumstamm finden. Manchmal werden die Tiere auch aus ihren Verstecken in der Wiese aufgejagt. In solchen Fällen stürzen sie sich aber sogleich wieder in die Vegetation, um sich vor Fressfeinden zu verstecken.

127←
Sommer:
«Die Nacht»

Nachtfalter sind ausgezeichnet an das Leben in der Dunkelheit angepasst. So haben beispielsweise die Männchen vieler Arten gefiederte Fühler, deren große Oberfläche vielen geruchsempfindlichen Haaren Platz gibt. Für die Nachtfaltermännchen ist dies wichtig, da die Partnersuche in der Dunkelheit vor allem über den Geruchssinn abläuft und eine große Anzahl solcher Haare entsprechend das Auffinden einer potenziellen Partnerin erleichtert.

106←
Sommer:
«Warnen, Tarnen
und Täuschen»

Es gibt auch einige Vertreter der Nachtfalter, die am Tag aktiv sind. Auffällige und bekannte Beispiele sind die Widderchen oder das Taubenschwänzchen.

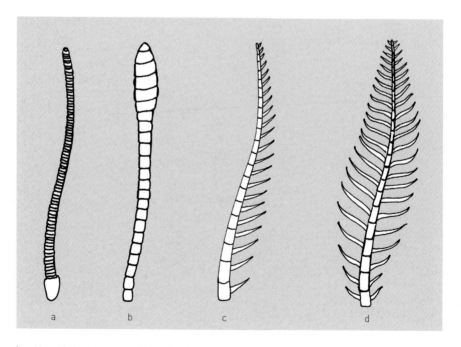

Verschiedene Typen von Schmetterlings-
fühlern: a) fadenförmig, b) gekeult, c) gesägt,
d) gefiedert

Fragen

> Bei welchen Wetterbedingungen fliegen die meisten Tagfalter?
> Wieso haben die Schmetterlinge ihre Flügel manchmal zusammengefaltet und manchmal ausgebreitet?
> Wieso hat es in Wiesen mit vielen Blüten trotzdem oft nur wenige Schmetterlingsarten?

→194
Antworten

Kleiner Fuchs

Werbung, Täuschung und Betrug

←
Lebensraum
Wiese

Zu bestimmten Tageszeiten herrscht in der blühenden Wiese ein geschäftiges Treiben. Besonders intensiv wird es dann, wenn Insekten auf Futtersuche sind und dabei
die besuchten Blüten bestäuben.

93 ←
Sommer:
«Wildbienen»

Zu den Bestäubern gehören jedoch nicht nur Insekten wie Bienen, Hummeln oder
Schmetterlinge, auch Käfer und Fliegen spielen eine wichtige Rolle. In tropischen
Gebieten gibt es sogar Blüten, die von Fledermäusen oder Vögeln bestäubt werden.
Während Jahrmillionen haben sich die Blüten und ihre Bestäuber wechselseitig
entwickelt und aneinander angepasst. Noch heute sind nicht alle Zusammenhänge
restlos geklärt.

Auch der Schmetterlingshaft gehört zu den
Blütenbestäubern.

Windbestäubung oder Insektenbestäubung?

Gräser, Nadelbäume und andere windbestäubte Arten haben kleine, unscheinbare Blüten. Für sie ist es nicht nötig, mit auffälligen Formen und Farben die Aufmerksamkeit der Insekten zu gewinnen. In ihrem Fall reicht die Windbestäubung zur Arterhaltung aus, weil sie oft ausgedehnte, große Flächen besiedeln. Zahlreiche Pflanzenarten sind für ihre Bestäubung und Vermehrung jedoch auf Insekten angewiesen. Bestäubung durch Insekten sind vor allem dann vorteilhaft, wenn Pflanzenarten, wie zum Beispiel Orchideen, nur vereinzelt und zerstreut vorkommen und deshalb eine gezielte Bestäubung für die Arterhaltung notwendig ist.

→
Blüten und
Bestäuber

Brauner Waldvogel auf einer Blüte am Nektarsaugen.

Einladung zum Selbstzweck

Insektenbestäubte Blüten sind im Gegensatz zu windbestäubten viel größer und auffälliger. Mit ihren farbigen, von weither sichtbaren Blüten, machen sie Bienen, Schmetterlinge und Käfer auf sich aufmerksam und verlocken sie mit einem Angebot von Pollen (Blütenstaub) und Nektar zu einem Besuch. Die Blütenbesucher nehmen die «Einladung» der Blüte in der Hoffnung auf Nahrung an, während die Blüte einlädt, um ihre Bestäubung, Befruchtung und damit ihre Vermehrung sicherzustellen. Die Blütenbesucher erhalten dabei einen kohlenhydrat- und proteinreichen Imbiss und sorgen ungewollt für den Pollentransport von Blüte zu Blüte und damit für die Bestäubung. Raffinierte Mechanismen in der Blüte sorgen dafür, dass die Besucher auf der Suche nach Essbarem an den Staubfäden vorbeimüssen und mit Blütenstaub eingepudert werden, der an ihnen kleben bleibt. Fliegen sie nach ihrem Imbiss weiter zu einer passenden nächsten Blüte, so kommt der mitgebrachte Pollen mit deren Narbe in Berührung, womit die Bestäubung vollzogen wird. Blüten produzieren ihren Pollen in solchem Überfluss, dass nach dem Imbiss eines Besuchers noch genug für Bestäubungszwecke übrig bleibt.

70← Sommer: «Bunte Wiesenbesucher»

93← Sommer: «Wildbienen»

Mit farbigen, von Weitem auffälligen Blüten machen insektenbestäubte Pflanzen auf sich aufmerksam.

Rechte Seite: Im Sporn der Waldhyazinthe ist der Nektar erkennbar. Nur Schmetterlinge mit langen Rüsseln können ihn aufsaugen – es sei denn, ein anderes Insekt beißt von hinten in den Sporn.

Weder zu üppig noch zu knausrig

Das Pollen- und Nektarangebot darf nicht zu üppig, aber auch nicht zu knapp aus-
fallen. Schmetterlinge, die schon nach der ersten Blüte satt sind, brauchen nicht
mehr weiterzusuchen. Ist das Angebot hingegen zu knausrig und lohnt sich ein
Besuch entsprechend kaum, so werden potenzielle Besucher die Blüten der entsprechenden Pflanzenart zukünftig nicht mehr anfliegen. Ideal ist eine Pollen- und
Nektarmenge, die den Besuch als lohnend erscheinen lässt, den Gast aber nicht
gleich sättigt, sodass er noch andere Blüten aufsuchen und dabei gleichzeitig bestäuben muss.

Kleiner Fuchs, Hauhechel-Bläuling

Navigationshilfen

Aus der Perspektive eines kleinen Insekts ist eine Blüte groß und der Weg zum Futterangebot nicht immer offensichtlich. Mit Farbmustern, Leitlinien und Duftmarkierungen erhalten Insekten daher oftmals Landeanweisungen und Richtungshinweise, damit sie möglichst schnell den Weg zum begehrten Nektar oder dem Pollen finden. Leuchtende, auffällige Blütenfarben wirken von Weitem, kleinere Farbmerkmale, Punkte oder Striche im Nahbereich. Einfarbig erscheinende Blüten wie jene von Hahnenfuß oder Trollblume enthalten oft für uns Menschen unsichtbare Farbmarkierungen im Bereich des ultravioletten Lichtes. Insekten sehen ein anderes Farbspektrum als wir und können diese Markierungen deshalb wahrnehmen. Je nachdem, ob eine Blüte mit ihrem Duft tagaktive Bienen oder nachtaktive Falter anlocken will, duftet sie zu einem anderen Zeitpunkt.

Tagsüber, wenn am meisten Insekten herumfliegen, duften die meisten Blüten besonders stark. Viele Blüten schließen sich am Abend und sondern bis zum nächsten Morgen keine Düfte mehr ab. Im Gegensatz dazu duften Blüten, die von Nachtfaltern bestäubt werden, erst abends, wie zum Beispiel die Nachtkerze *(Verbascum sp.)*. Bei den meisten Duftstoffen handelt es sich um ätherische Öle. Dies sind leichtflüchtige Substanzen, die sich rasch in der Luft ausbreiten und die für uns mehr oder weniger angenehm aromatisch riechen.

127←
Sommer:
«Die Nacht»

←
Nachtkerze

Auffällige Farben wirken von Weitem. Striche, die den schnellsten Weg zu Pollen und Nektar weisen, dienen der Orientierung im Nahbereich. Auf dem Bild eine Goldnessel *(Lamium galeobdolon)*.

Oben: Die Nachtkerze, deren Blüten sich erst am Abend öffnen, werden von Nachtfaltern bestäubt.

Unten: Tagsüber, wenn am meisten Insekten herumfliegen, duften Rosen viel stärker als in der Nacht.

Willkommene und ungebetene Gäste

Nicht jeder Blütenbesucher ist überall gleich willkommen. Käfer benehmen sich im Gegensatz zu Bienen eher grob und hinterlassen oft übel mitgenommene Blüten. In vielen Blüten sind Nektar und Pollen in einer für Käfer zu komplizierten Blütenform versteckt oder wegen eines zu kurzen Saugrüssels für sie unerreichbar. In solchen Fällen fressen sich die Käfer zuweilen einfach einen Weg durch die Blüte zur begehrten Nahrung, meist ohne dabei die Pflanze zu bestäuben.

Gern gesehene Gäste sind dagegen Bienen oder Schmetterlinge, weil sie auf bestimmte Blüten spezialisiert sind und dadurch die Bestäubung zuverlässig ausführen.

Blüten werden meist von verschiedenen Insektenarten besucht und nicht ausschließlich von einer Art. Auf diese Weise steigen die Bestäubungschancen. Aber so wie Stars haben auch die verschiedenen Blütenformen ihre typischen Fans oder ein bestimmtes Zielpublikum: Je nach Form, Farbe oder Duft werden Insektenarten von einem bestimmten Blütentyp stärker angezogen oder ferngehalten.

→101
Sommer:
«Blumenuhr»

Käferblüten sind einfach und flach gebaut mit unkomplizierten Landemöglichkeiten. Der Pollen wird offen und leicht zugänglich angeboten wie bei Hahnenfuß-Arten oder Doldenblütlern (z. B. Wiesenbärenklau oder Wiesenkerbel). *Nachtfalterblüten* sind weiß, gelb oder blasspurpur und dreidimensional gebaut. Oft wird in einem langen Sporn Nektar angeboten, wie zum Beispiel bei der Waldhyazinthe. Weitere Arten: Nachtkerze, Waldgeißblatt.

Oben: Das Waldgeißblatt ist eine typische   Unten: Der Wiesenkerbel hat die typische
Nachtfalterblüte.   Form einer Käferblüte.

Tagfalterblüten sind blau, gelb und rötlich. Sie bieten eine ausgebreitete Krone als Landeplatz an und haben eine enge, nicht allzu lange Kronröhre. Typische Arten sind Wiesenbocksbart, Rote Lichtnelke, Vergissmeinnicht, Wiesenschaumkraut und Flockenblumen.

Bienenblüten haben auffällige Farben mit für uns unsichtbaren Farbmalen im Ultraviolettbereich. Lippenförmige Blütenblätter dienen als Landemöglichkeiten. Angenehme Duftstoffe weisen den Weg zum versteckten Nektar oder Pollen. Typische Arten: Thymian, Aster, Lilie, Glockenblume, Salbei und Wiesenklee.

93←
Sommer:
«Wildbienen»

Hummelblüten sind ähnlich wie die Bienenblüten, allerdings etwas größer und robuster gebaut, um dem Gewicht der Hummeln Rechnung zu tragen. Typische Arten: Akelei, Rittersporn, Löwenmäulchen, Eisenhut, Beinwell, Lungenkraut.

Die Kuckucks-Lichtnelke wächst in feuchten Wiesen und ist attraktiv für Tagfalter.

Oben: Die Glockenblume ist eine typische Bienenblüte.

Unten: Hummelblüten – hier die Akelei – sind etwas größer und robuster als Bienenblüten.

Fliegenblüten sind weißlich, grünlich oder rotbraun und haben auch einfache, flache Formen. Viele Blüten verströmen einen für uns unangenehmen Duft, der aber für Fliegen besonders anziehend wirkt. Der Nektar wird häufig in Nektardrüsen offen und leicht zugänglich angeboten. Typische Arten: Efeu, Schwarzer Holunder, Aronstab, Doldenblütler-Arten.

Fliegenblüten, wie jene des Schwarzen Holunders, verströmen einen für uns eher unangenehmen Duft.

Was zwischen einer Bestäubung und Befruchtung geschieht

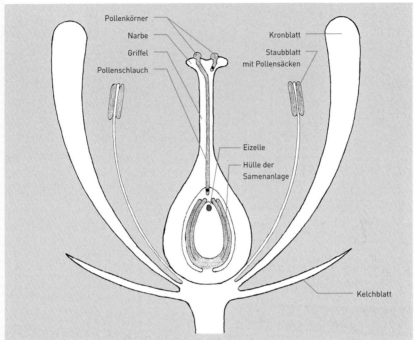

→93
Sommer:
«Wildbienen»

Mit der Bestäubung wird die Pflanze befruchtet und ihre Vermehrung ermöglicht. Bei einer Bestäubung muss Pollen, der in den männlichen Staubblättern produziert wird, auf eine weibliche Narbe treffen. Nur bei bestimmten Pollen-Narben-Kombinationen ist eine Bestäubung erfolgreich. Klebt zum Beispiel bei einer Primel ein unpassendes Pollenkorn auf der Narbe, so geschieht gar nichts. Ist es ein Pollenkorn einer anderen Primel, kann es aber auf der Narbe keimen. In diesem Falle wächst ein Pollenschlauch durch den Griffel hinunter bis er schließlich die Samenanlagen erreicht. Erst jetzt ist die Blüte befruchtet, und die Samenbildung beginnt.

Auch vom eigenen Pollen können viele Blüten befruchtet werden, was jedoch meistens mit ungleicher Reifezeit von Staubblättern und Narbe verhindert wird. Im Falle von Fremdbestäubung kann die genetische Variation einer Blüte größer sein als bei der Selbstbestäubung. Dennoch ist für viele Pflanzen eine Selbstbestäubung immer noch besser als gar keine. Dies gilt besonders für Gebirgspflanzen, die in einem Lebensraum wachsen, in dem für die bestäubenden Insekten oft während längerer Zeit kein gutes Flugwetter herrscht.

Schnitt durch eine schematische Blüte

Vorspiegelung falscher Tatsachen

Auch für Insekten lohnt sich ein Blütenbesuch nicht immer. Der Frauenschuh *(Cypripedium calceolus)* zum Beispiel lockt Insekten mit betörendem Duft ins Innere seiner Blüte. Wo aber sind hier Pollen und Nektar? Durch einen durchsichtigen Fleck auf der sonst gelben Schuhseite kommt ein wenig Licht in die Kesselfalle und weist den mühsamen Weg zum Ausgang zurück. Der Weg in die Freiheit führt an den zwei Pollinien vorbei. Dies sind spezielle Behälter, in denen der Pollen aufbewahrt und gleich als ganzes Paket an den Kopf des Insekts geklebt wird. Bei der nächsten Frauenschuhblüte passt die Lage der auf dem Kopf klebenden Pollenpakete dann genau mit der Lage der Narben überein, was eine zielsichere Bestäubung der Orchidee erlaubt. Offenbar fallen genug Insekten mehr als einmal auf diesen Betrug herein, sodass es mit der Bestäubung immer wieder klappt.

◼◼◼◼◼←
Orchideen

Pollen wird bei allen Orchideen nicht als einzelne Körner abgegeben, sondern gleich als ganzes Paket. Er ist auch nicht als Verpflegung für die Besucher gedacht. Die Bestäubung der Frauenschuh-Blüte erfolgt, ohne dass die Pflanze dafür Nektar

81←
Waldhyazinthe

oder Pollen anbieten muss. Andere Orchideen, wie zum Beispiel die Waldhyazinthe, bieten den Besuchern wenigstens Nektar an.

Die bezaubernde Blüte des Frauenschuhs
ist eine Insektenfalle.

Die zierlichen, weißen Blüten des Rundblättrigen Sonnentaus (Drosera rotundifolia) haben für Insekten nicht viel zu bieten. Dafür glitzern auf den Blättern Tröpfchen von Drüsensekreten, die ein reichhaltiges Nektarangebot vortäuschen. Kleinere Mücken oder Fliegen bleiben an diesen klebrigen Tröpfchen hängen und werden von Sekreten zu Nährstoffen abgebaut, die die Pflanze über die Zellen ihrer Blätter aufnimmt und verdaut. Wenn das Wetter lange nass und kalt ist und kein Flugwetter für Insekten herrscht, überlebt der Sonnentau aber auch ohne Insektenfänge. Für den Sonnentau und andere insektenfressende Pflanzen, die meist auf nährstoffarmen Böden (z. B. in Mooren) wachsen, bedeuten Insektenfänge eine zusätzliche Stickstoffzufuhr. Damit wird ihnen unter anderem eine größere Samenproduktion ermöglicht.

→30
Einleitung:
«Wachsen und
Kämpfen»

Auf den Blättern des Rundblättrigen Sonnentaus glitzern Tröpfchen aus Drüsensekreten, welche den Insekten Nektar vortäuschen, um sie anzulocken.

Beobachtungstipps

> Beobachten Sie, wie die Farbmarkierungen der Blüten wie Landebahnen für die Insekten wirken und wie Letztere zielstrebig den Weg zu Pollen und Nektar finden.
> Beobachten Sie den Flugverkehr der Insekten über einer Wiese. Achten Sie dabei auf die unterschiedlichen Summtöne.
> Hummeln haben einen besonderen Trick, um größere Pollenportionen aus den Staubblättern herausrieseln zu lassen. Ohne mit den Flügeln zu schlagen, bewegen sie sehr schnell ihre Flugmuskeln. Dabei entsteht ein lautes, hohes Summen, dessen Vibrationen auf die Staubbeutel der besuchten Blüte übertragen wird und größere Pollenmengen herausschüttelt. Dieser Trick wird zwar nicht bei jeder Blüte angewendet, kann aber trotzdem ziemlich häufig beobachtet oder gehört werden.

Fragen

> Machen Sie eine Liste mit verschiedenen Blütentypen und ihren Besuchern. Welches Insekt besucht welche Pflanze?
> Welche Pflanzen werden bevorzugt von Tagfaltern besucht?
> Wie viele Besucher hat eine von Ihnen ausgewählte Blüte während einer halben Stunde gekriegt?
> Warum offeriert eine Blüte nicht so viel Nektar oder Pollen, dass ein Insekt gleich satt wird?
> Warum lernen Insekten nie, dass die glitzernden Tropfen beim Sonnentau kein Nektar sind?

194,195←
Antworten

Rechte Seite: Holzbiene in einer Mohnblüte

Wildbienen

Wer kennt sie nicht die fleißigen Bienen, die Produzenten des Honigs? Die soziale und staatenbildende Honigbiene ist aber nur eine unter den sehr zahlreichen Bienenarten. Weltweit sind bereits mehrere Tausend Arten beschrieben und in Europa über 1000 Arten nachgewiesen worden. Viele dieser Bienenarten sind auf ganz bestimmte Lebensräume und Futterpflanzen spezialisiert. Da die Vielfalt an Lebensräumen und Strukturen und damit auch die Pflanzenvielfalt stark abgenommen hat, sind viele Bienenarten auf der Roten Liste der bedrohten Arten. Es fehlen ihnen nicht nur die Futterpflanzen, sondern auch oft geeignete Kleinstrukturen für den Nestbau (Totholz, hohle Pflanzenstängel, Trockenmauern oder Sandflächen).

→39
Einleitung:
«Artenvielfalt»

Wildbienen

Lebensweise und Nestbau

Im Gegensatz zu den Honigbienen leben die meisten Wildbienen solitär. Das heißt, jedes Weibchen baut selber ein Nest für die Eiablage und versorgt es mit der notwendigen Nahrung für die Larven. Diese Larvennahrung besteht aus einem Gemisch aus Pollen und Nektar, wobei gewisse Arten auch Blütenöl sammeln. In Europa sind bisher nur gewisse Gilbweidericharten als sogenannte Ölblumen bekannt.

Nach dem Schlüpfen der Weibchen im Frühjahr oder Sommer (je nach Art auch erst im Herbst) kommt es bald zur Paarung mit den früher geschlüpften Männchen. Viele solitäre Wildbienen leben nur einige Wochen und bauen in dieser Zeit ein Nest mit mehreren Brutzellen. Nach dem Schlüpfen der Larve entwickelt sie sich bei den meisten Arten bis zu einer sogenannten Vorpuppe. Dann wird eine Entwicklungsruhe (Diapause) mit reduziertem Stoffwechsel eingeschaltet. In diesem Zustand verbringen sie den Winter und schließen ihre Entwicklung mit der Verpuppung und dem Schlüpfen erst im kommenden Jahr ab. Es gibt aber auch Arten, welche die Entwicklung bereits vor dem Winter abschließen, aber diesen noch in ihrer Brutzelle verbringen. Dies ist vor allem bei den Frühlingsarten der Fall. Entsprechend der großen Artenvielfalt unter den Wildbienen gibt es auch entsprechend viele verschiedene Lebens- und Fortpflanzungsstrategien. So gibt es zum Beispiel auch Arten, die als adulte Tiere überwintern und sich erst im daran anschließenden Frühjahr paaren. Die große dunkle Holzbiene ist zum Beispiel ein Vertreter dieser Strategie. Auch die Vielfalt an Nestform und Bautechniken ist sehr groß und variantenreich. Gewisse Wildbienen nutzen für ihre Nester die vorhandenen Strukturen, wie zum Beispiel hohle Pflanzenstängel, Löcher im Holz oder Käferfraßgänge. Andere bauen sie als verzweigte Gänge oder in Wabenbauform im Boden. Wieder andere beißen sich die notwendigen Hohlräume selber. Schließlich gibt es auch noch die Mörtelbienen, welche ihre Nester aus kleinen Steinchen selber zusammenbauen.

Rechte Seite: Nest einer Mörtelbiene im Bau

Spezialisten und Generalisten

Es ist schon lange bekannt, dass es unter den Wildbienen Pollengeneralisten (poly-
lektische Arten) und Pollenspezialisten (oligolektische Arten) gibt. Da staatenbildende Bienen (Hummeln und Honigbienen) eine vergleichsweise lange Flugzeit
haben, sind sie immer Pollengeneralisten. Die Spezialisten haben eine deutlich kürzere Flugzeit, die mit der Blühzeit der entsprechenden Pflanzenarten synchronisiert
ist. Es wurden bisher aber keine eindeutigen morphologischen Anpassungen der
Spezialisten an das Pollensammeln nachgewiesen. Je nach Unterfamilien und Gat-
tungen haben sich aber ganz unterschiedliche Pollenaufnahme- und Pollentrans-
portvorrichtungen entwickelt. Am häufigsten ist die Pollenaufnahme mit den Beinen.
Es gibt aber auch Arten, die mit den Mundwerkzeugen, dem Kopf, dem Bauch oder
der ganzen Körperoberfläche sammeln. Der Transport erfolgt wiederum am häufigsten an den Beinen (hinterstes Beinpaar). Es gibt aber auch Arten, die den Pollen
in einer Bauchbürste, auf der Unterseite des Hinterleibs transportieren. Kropfsamm-
lerinnen verschlucken den Pollen und würgen ihn im Nest wieder aus. Hummeln

Wildbiene mit Bauchbürste

können zudem auch bei tiefen Temperaturen und relativ schlechtem Wetter noch Sammelflüge durchführen. Sie können mit dem Zittern ihrer Flugmuskeln Wärme erzeugen. Damit bringen sie ihren Körper auf die richtige Betriebstemperatur. Die pelzige Behaarung sorgt zudem noch für eine gewisse Isolierung des Körpers.

Gegenspieler

Wie praktisch überall in der Natur sind auch die Wildbienen vielen Feinden und Gefahren ausgesetzt. Neben den allgegenwärtigen Fressfeinden, wie Vögeln, Spinnen und Wespen, fallen sie auch oft Parasiten (Milben und Fadenwürmern) und Raub- →114
Sommer:
«Parasiten» parasiten (Schlupfwespen und Raupenfliegen) zum Opfer. Eine große Bedeutung haben auch die Brutparasiten. Diese sind oft selber Wildbienen, bauen aber keine eigenen Nester. Sie legen ihr Ei in die Brutzelle ihres Wirtes, während diese mit Proviant versorgt wird. Die Larven der Brutparasiten beseitigen dabei die Wirtslarve und können dann die Brutzelle mit dem Futter für sich nutzen. Diese Brutparasiten werden daher auch als «Kuckucksbienen» bezeichnet.

Beobachtungstipps

Zum Thema «Wildbienen» gibt es eigentlich nur einen Tipp: Beobachten und staunen. Die Vielfalt an Arten und Verhaltensstrategien garantieren von Frühjahr bis Herbst immer wieder neue Entdeckungen. Sie können sich auf eine Art oder vielleicht sogar ein Individuum konzentrieren und diese über eine längere Zeitspanne beobachten. Oder versuchen Sie ein Wildbienennest zu finden und beobachten Sie, was da abläuft. Achten Sie auch auf mögliche Brutparasiten.

Sehr interessant ist auch das Verhalten bestimmter Wildbienenmännchen. Bei verschiedenen Arten kann man gut beobachten, wie diese bei den Futterpflanzen der Weibchen patrouillieren und andere Männchen, die sich den Pflanzen nähern, attackieren. Manchmal werden sogar weitere Blütenbesucher angegriffen.

Fragen

› Warum können Hummeln auch bei Temperaturen fliegen, bei denen andere Blütenbesucher noch an ihrem Schlafplatz oder im Nest bleiben müssen?
› Wieso können staatenbildende Bienenarten nicht Pollenspezialisten sein? →195
Antworten

Der Neuntöter

Neuntöter

«Neuntöter» ist ein sonderbarer Name für einen Vogel, nicht? Er kann manchmal dabei beobachtet werden, wie er seine Beute zum Zerteilen oder als Vorrat auf Dornen aufspießt. Früher dachte man irrtümlicherweise, er spieße immer neun Beutetiere auf, bevor er eines davon verzehre. Aufgrund dieses Irrglaubens ist er zu seinem Namen gekommen.

Das Männchen des Neuntöters mit seiner schwarzen Augenmaske, der grauen Kopfkappe und dem rotbraunen Rücken ist schon aus Distanz gut zu erkennen. Seine Kehle ist weißlich gefärbt, während die Brust und der Bauch oft rosafarben getönt sind. Das Weibchen hingegen ist deutlich unauffälliger als das Männchen: Sein Rücken ist auch rotbraun, aber es hat keine schwarze Maske und keine graue Kopfkappe.

Neuntötermännchen mit Futter

Der Neuntöter ist ein typischer Bewohner halboffener Landschaften. In Hecken und Sträuchern baut er sein Nest und jagt von dort aus seine Beute. Besonders im Sommer nach dem Schlüpfen der Jungen müssen die Altvögel viel Futter herbeischaffen. Damit sie auch eine Schlechtwetterphase mit geringerem Nahrungsangebot überstehen können, spießen sie ihre Beutetiere oft an Dornensträuchern auf. Der Neuntöter jagt bevorzugt von einer frei stehenden Warte aus. Von dort aus sucht er die Umgebung nach geeigneter Beute ab. Dabei erbeutet er vor allem Insekten (Käfer, Bienen, Wespen, Heuschrecken), manchmal aber auch Kleinsäuger und kleine Vögel. Auch Eidechsen, Schlangen und Amphibien passen in sein Beutespektrum.

→93, 118
→54
Sommer:
«Wildbienen» und
«Heuschrecken»;
Frühling:
«Zauneidechse»

Typisches Habitat des Neuntöters

12←
Einleitung:
«Aus Wäldern
wurden Wiesen
und Weiden»

←

 ←

Schwarzkehlchen,
Grauammer

Der Neuntöter ist die anpassungsfähigste und daher auch häufigste Würgerart in Europa. Er ist eine Charakterart für die extensiv genutzte Kulturlandschaft mit artenreichen Wiesen, Weiden und Dornenhecken. Aber auch verbuschte Feuchtgebiete und Waldränder, Hochstammobstgärten, Windwurfflächen und Kiesgruben können von ihm besiedelt werden. Der Neuntöter ist eine Art, die sich vermutlich erst durch die Schaffung einer extensiv genutzten Kulturlandschaft in Europa großflächig ausbreiten konnte. Durch die ausgedehnten Flurbereinigungen fehlen heute jedoch vielerorts die Niststandorte und Jagdansitze, sodass der Bestand des früher weit verbreiteten Neuntöters stark zurückgegangen ist. Dieses Schicksal teilen viele andere Wiesenvögel mit dem Neuntöter; so z.B. das Schwarzkehlchen.

Der Neuntöter macht sich bereits im August und September wieder auf den Weg nach Ost- und Südafrika in sein Winterquartier. Dabei ziehen die Altvögel zuerst weg, während die Jungvögel normalerweise etwas später folgen.

 ## Beobachtungstipps

Kennen Sie ein Gebiet, das den Ansprüchen des Neuntöters genügen könnte? Oder haben Sie ihn sogar schon einmal beobachtet? Nehmen Sie doch ein Fernglas mit und richten Sie sich einen passenden Beobachtungsplatz ein. Die Beobachtung eines Neuntöters wird garantiert nicht langweilig: Im Frühling können Sie die Paarbildung beobachten und im Sommer die Jungenaufzucht. Beeindruckend sind auch seine Jagdtechniken. Achten Sie auch auf den Gesang und die Rufe des Neuntöters.

Frage

> Wieso wird man in einer sehr vielfältigen und strukturreichen Hecke mitten in einem großflächigen Ackerbaugebiet praktisch nie einen brütenden Neutöter finden?

195←
Antwort

Blumenuhr

Zwischen Pflanzen und Tieren bestehen gegenseitige Anpassungen, wie zum Beispiel der Blühzeitpunkt sowie die Nektar- und Pollenproduktion, die auf das Verhalten der Bestäuber zugeschnitten sind. Im 18. Jahrhundert fiel dem schwedischen Botaniker und Arzt Carl von Linné auf, dass Pflanzen nur zu bestimmten Tageszeiten blühen und auch nicht jederzeit Nektar und Pollen anbieten. Wahrscheinlich hatten dies Bauern schon vorher beobachtet, doch durch Linnés wissenschaftliche Untersuchungen und seine Berichte wurde dieses Phänomen bekannt. Carl von Linné erkannte, dass jede Pflanze einen bestimmten Biorhythmus hat und deshalb ihre Blüten nur zu einer ganz bestimmten Zeit öffnet und schließt.

Zeitaufwändige Blumenuhr

Aufgrund dieser phänologischen Beobachtungen hatte Linné die Idee, mit Pflanzen eine Uhr zu gestalten. 1745 ließ er in der Stadt Uppsala die erste Blumenuhr der Welt bauen. Diese Uhr hatte zwölf Blumenbeete mit Pflanzen, die ihre Blüten zur jeweils entsprechenden Uhrzeit öffneten oder wieder schlossen. Zum Beispiel waren im Sechs-Uhr-Beet Arten angepflanzt, die ihre Blüten um 6 Uhr oder um 18 Uhr öffneten oder schlossen. Er benutzte 43 Arten und hatte so eine Uhr, die zwischen 3 Uhr morgens und 20 Uhr abends auf die halbe Stunde genau die Zeit anzeigte.

→78
Sommer:
«Werbung,
Täuschung
und Betrug»

Obwohl seine Blumenuhr nur Wasser und Licht zum Funktionieren brauchte, war sie alles andere als pflegeleicht. Weil nicht alle Pflanzen in der gleichen Jahreszeit und nicht monatelang blühen, musste die Uhr häufig neu bepflanzt werden. Dazu kam noch, dass sich die Pflanzen manchmal nicht an ihre Zeiten hielten und ihre Blüten zu früh oder zu spät öffneten und schlossen. Linnés Beobachtungen waren zwar richtig, galten aber nur für Pflanzen in der Region von Uppsala. Wenn die für die Uhr verwendeten Pflanzen jedoch aus anderen Teilen von Schweden stammten, so waren sie an deren jeweilige regionale Besonderheiten angepasst (z. B. an den dort aktuellen Hell-Dunkel-Rhythmus oder den Tagesablauf der heimischen Insekten).

Weil es sehr aufwändig war, Linnés Blumenuhr umzusetzen, wurden mit der Zeit auch solche Beete als Blumenuhr bezeichnet, die nur dekorativ in Form einer Uhr gestaltet sind.

Gestaffeltes Futterangebot

Bienen und andere Insekten kennen die Uhr ihrer Futterpflanzen und wissen, welche wann Nektar und Pollen absondern. So verschwenden sie keine Energie mit unnötigem Herumfliegen und dem Suchen zur falschen Zeit. Es macht für Pflanzen und ihre Bestäuber Sinn, wenn nicht alle Blüten zur gleichen Zeit geöffnet sind, da so die Bestäuber gestaffelt auf die Futtersuche gehen können. Dies verringert die Konkurrenz zwischen Bestäubern, aber auch unter den Pflanzen. Durch die individuellen Unterschiede in den Blühzeiten stehen Nektar und Pollen rund um die Uhr zur Verfügung. So ist nicht nur die Futtersuche für alle bestäubenden Tiere und Insekten möglich, sondern auch die Bestäubung der Blütenpflanzen gesichert. Für die Pflanzen wird der Bestäubungserfolg dadurch größer. Zudem sparen sie Energie, wenn sie nur dann die Blüten geöffnet haben, wenn ihre Stammgäste fliegen. Abends und in der Nacht blühen weniger Blüten als am Tag. Doch gerade diese Randzeiten nutzen Nachtfalter und andere nachtaktive Bestäuber.

Auch Linné selber hatte einen individuellen Biorhythmus. So soll er in den kurzen schwedischen Sommernächten nur zwischen 22 Uhr und 3 Uhr geschlafen haben, dafür im dunklen Winter von 19 Uhr bis 9 Uhr.

93←
Sommer:
«Wildbienen»

Bienenkäfer auf Distelblüte. Sie ernähren sich von Blütenpollen, jagen aber auch andere Insekten. Ihre Larven ernähren sich parasitisch von Bienenlarven und -puppen.

Beispiele für Öffnungszeiten der Blüten

5 Uhr Kürbis, Klatschmohn, Wegwarte *(Cucurbita maxima, Papaver rhoeas, Cichorium intybus)*

6 Uhr Zaunwinde *(Calystegia sepium)*

7 Uhr Seerose, Huflattich *(Nymphaea alba, Tussilago farfara)*

8 Uhr Sumpfdotterblume *(Caltha palustris)*

9 Uhr Margerite *(Leucanthemum vulgare)*

10 Uhr Sauerklee, Malve, Ehrenpreis *(Oxalis acetosella, Malva sp., Veronica sp.)*

11 Uhr Kohl-Gänsedistel, Bibernelle *(Sonchus oleraceus, Pimpinella sp.)*

12 Uhr Mittagsblume *(Dorotheanthus bellidiformis)*

20 Uhr Nachtkerze *(Oenothera sp.)*

Schließzeiten

13 Uhr Wiesen-Bocksbart *(Tragopogon pratensis)*

14 Uhr Wegwarte *(Cichorium intybus)*

15 Uhr Kürbis, Ringelblume *(Cucurbita maxima, Calendula sp.)*

16 Uhr Huflattich, Sauerklee *(Tussilago farfara, Oxalis acetosella)*

17 Uhr Seerose *(Nymphaea alba)*

18 Uhr Klatschmohn *(Papaver rhoeas)*

21 Uhr Sumpfdotterblume *(Caltha palustris)*

Beobachtungstipps

Finden Sie heraus, wann die Blühzeiten anderer Pflanzenarten sind. Beobachten Sie, wie sich Blüten bei bewölktem Wetter oder bei Regen verhalten.

Linke Seite: Klatschmohn: 5–18 Uhr
(Blütezeit)

Oben links: Sumpfdotterblume: 8–21 Uhr
Oben rechts: Die Blüten des Wiesen-Bocks-
barts beginnen sich um 13 Uhr zu schließen
Unten: Huflattich: 7–16 Uhr

Warnen, Tarnen und Täuschen

Im Sommer, wenn die artenreichen Wiesen in voller Blüte stehen, lassen sich ihre Bewohner besonders gut beobachten. Viele Arten fallen durch Größe, Farbe, Musterung oder ihr Verhalten auf. Einige davon nutzen diese Eigenschaften, um sich vor Fressfeinden zu tarnen oder diese zu täuschen, während andere ein möglichst auffälliges Äußeres sogar dazu verwenden, Feinde vor ihrer Gefährlichkeit zu warnen.

Warnen

70← In sommerlichen Wiesen fallen neben den zahlreichen Schmetterlingen meistens
Sommer: auch sofort die gelb-schwarz oder rot-schwarz gemusterten Insekten auf. Beide Farb-
«Bunte Wiesen- kombinationen sind typische Warnfarben in der Natur. Man denke zum Beispiel an
besucher» die gelb-schwarze Musterung der Wespen. In den artenreichen Wiesen sind neben

 ← Wespen oft auch die rot-schwarz gemusterten Widderchen, auch Blutströpfchen
Widderchen genannt, zu finden. Die «Gefährlichkeit» dieser tagaktiven Nachtfalter beruht auf ihrer Giftigkeit: Sie stellen Stoffe her, die sich im Körper des Fressfeindes zu Blausäure umwandeln. Zudem können sie direkt Blausäure freisetzen und diese durch körper-

Wespe mit typischer Warnfärbung. Sie sammelt Material für den Bau ihres Nestes.

eigene Substanzen auch wieder abbauen. Daher sind sie gegen ihr eigenes Gift weitgehend geschützt. Mögliche Fressfeinde lassen die Widderchen in Ruhe, sobald sie einmal eine schlechte Erfahrung mit ihnen gemacht haben. Deren auffällige rotschwarze Musterung ist dabei eine nützliche «Erinnerungshilfe». Da sie praktisch nie gejagt werden, zeigen sie auch ein ganz anderes Verhalten beim Blütenbesuch: Während sich andere Schmetterlinge relativ schnell gestört fühlen und wegfliegen, zeigen die Widderchen eine deutlich höhere Toleranzschwelle bei einer Annäherung.

Das Gewöhnliche Widderchen ist die
häufigste von einigen sehr ähnlichen Arten.

Tarnen

Wenn wir uns etwas Zeit lassen und genau hinsehen, so entdecken wir in den Wiesen manchmal auch Tiere, die unauffällig gefärbt sind und auf den ersten Blick oft nicht einmal als Tiere wahrzunehmen sind. Solche Färbungen und Musterungen dienen der Tarnung: Sie täuschen die Wahrnehmung der Feinde und verringern damit das Risiko, gefressen zu werden. Je nach Lebensweise des sich tarnenden Insekts können dabei verschiedene Sinnesorgane betroffen sein: das Auge, das Gehör oder gar der Geruchssinn. Die für uns am besten bekannte Form der Tarnung ist die optische, also eine Anpassung des Tieres an die Struktur und die Färbung seiner Umgebung. Heuschrecken sind hierzu ein gutes Beispiel: Sie sind mit ihrer Färbung und Musterung zwischen den Wiesengräsern oder auf dem Boden manchmal sehr schwer auszumachen.

Die Tarnung wird aber nicht nur von Tieren, die sich vor Fressfeinden schützen wollen, eingesetzt. Auch räuberische Tiere versuchen, sich damit vor ihrer Beute «unsichtbar» zu machen. Zu Letzteren gehört z. B. die Gottesanbeterin *(Mantis religiosa)*, deren Färbung mit jeder Häutung während ihrer Entwicklung den Umgebungsfarben angepasst wird. Eine häufigere Art, welche aber auch nicht leicht zu entdecken ist, ist die Veränderliche Krabbenspinne *(Misumena vatia)*. Deren Weibchen ist mit seinen beiden langen und kräftigen vorderen Beinpaaren und der Fähigkeit zur Farbanpassung ein typischer Ansitzjäger: Ihre Färbung wird dabei über den Sehsinn der

70←
Sommer:
«Bunte Wiesen-
besucher»

Gottesanbeterin

Krabbenspinne

Gut getarnte Ödlandschrecke.

Spinnen gesteuert und kann von Zitronengelb, Grüngelb bis Weiß alle erdenklichen Übergänge annehmen. Hat sie sich farblich einmal an ihren jeweiligen Blütenuntergrund angepasst, so wartet sie, bis ihr ein ahnungsloses Insekt zu nahe kommt, und greift dieses dann blitzschnell an.

Täuschen

Neben den bereits genannten Anpassungen gibt es noch eine besonders faszinierende Strategie: die Täuschung. Die allgemeine Vorsicht gegenüber Wespen resp. deren Warnfärbung führte dazu, dass sich im Laufe der Evolution auch bei harmlosen Arten eine ähnliche Färbung und Musterung entwickeln konnte. Besonders unter den Fliegen, aber auch unter den Käfern gibt es einige Arten, die auf den ersten Blick große Ähnlichkeit zu den Wespen aufweisen. Und eine Spinnenart hat aufgrund ihrer Färbung und Musterung sogar den passenden Namen erhalten – die Wespenspinne →137 (*Argiope bruennichi*).

Kurzinfo Sommer: «Wespenspinne»

Auch die rot-schwarze Färbung der Blutströpfchen wird unter den Insekten oft imitiert. In der Fachwelt spricht man bei dieser Art der Täuschung von «Mimikry» oder auch Bates'scher Mimikry (= Nachahmung eines ungenießbaren oder wehrhaften Tieres durch harmlose Tiere zur Täuschung von potenziellen Feinden).

Krabbenspinne mit Beute. Es handelt sich hier um die Art *Thomisius onustus,* die an sonnigen, warmen Orten (Trockenrasen) lebt.

Wespenspinne

Wehrhaft oder harmlos?

Ein typisches Beispiel für Mimikry findet man bei gewissen Schwebfliegen-arten (Zweiflügler – Dipteren). Auf den ersten Blick ist nur deren wespenähn-liche, auffallende gelb-schwarze Musterung erkennbar. Erst bei genauerem Hinsehen fallen die wichtigen Unterscheidungsmerkmale zu den Wespen und Bienen (Hautflügler-Hymeropheren) auf: Sie besitzen keine Wespentaille, sind nur zwei- und nicht vierflüglig und haben kurze Fühler.

→93
Sommer:
«Wildbienen»

Schwebfliege

Beobachtungstipps

118←
Sommer:
«Heuschrecken»

Um sich vor potenziellen Feinden zu verbergen, zeigen Kurzfühlerschrecken oft ein interessantes Verhalten: Sie versuchen nämlich jeweils auf der vom Beobachter abgewandten Seite eines Pflanzenstängels oder Grashalmes zu sitzen. Oft kann man auch beobachten, wie sie nach der Landung rückwärts tiefer klettern, um in die dichtere Vegetation zu gelangen. Beobachten Sie doch einmal eine aufgescheuchte Heuschrecke, die sich nach dem Sprung an einen Grashalm klammert und wechseln Sie dabei langsam Ihre Position. Schauen Sie einmal alle Wiesenbewohner genauer an. Welches von den auffällig gefärbten Tieren ist wirklich gefährlich und welches nicht?
Wie viele Arten, die auf die Strategie Tarnung setzen, können Sie in Ihrer Umgebung entdecken?

Fragen

› Weshalb gibt es wehrhafte Insekten und harmlose Insekten, die sehr ähnlich aussehen?

195, 196←
Antworten
 › Wodurch unterscheiden sich Wespen und Bienen von Fliegen?

Diese Heuschrecke versteckt sich hinter einem Halm.

Rechte Seite: Hummel, die von Milben befallen ist (vgl. S. 114).

Schmarotzer und Halbschmarotzer

Zahntrost-, Augentrost- und Klappertopf-Arten zapfen mit speziellen Saugwurzeln
(Haustorien) die Wurzeln anderer Pflanzen an mit dem Zweck, ihnen Wasser und
Nährstoffe zu entziehen. Dabei sind sie nicht wählerisch in der Auslese ihrer Wirtspflanzen: Gräser und alle möglichen Blütenpflanzen sind ihnen gleichermaßen recht.
Diese halbparasitischen Pflanzenarten haben alle grüne Blätter und können eigentlich selber Stoffaufbau (Photosynthese) betreiben, ohne auf die fremde «Hilfe» angewiesen zu sein. Doch offenbar macht sie ihr spezifisches Verhalten konkurrenzfähiger.
Zugleich hilft es ihnen natürlich, ihre Nachbarn unter Kontrolle zu halten. Die oben
genannten Arten zapfen allerdings nie so viel Energie ab, dass ihre Wirtspflanzen
dadurch absterben oder massiv geschwächt würden.

→30
Einleitung:
«Wachsen und
Kämpfen»

Sommerwurz-Arten dagegen besitzen kein Blattgrün (Chlorophyll) und können
deshalb auch keine Photosynthese betreiben. Ihre gelblich-rötlich bis braunen
Sprosse tragen nur reduzierte Schuppenblätter, in deren Achseln die Blüten sitzen.
Damit sind sie für ihre Ernährung vollständig von ihrer Wirtspflanze abhängig. Einige
dieser parasitären Sommerwurz-Arten suchen sich ihre Wirtspflanzen bei verschiedenen Pflanzenfamilien aus, andere dagegen sind spezialisiert auf eine bestimmte
Pflanzenfamilie oder sogar nur auf eine bestimmte Art. Aber sogar diese parasitisch
lebenden Pflanzen bringen ihre Wirtspflanzen nicht zum Absterben – auch aus eige-
nem Interesse, weil sonst ihre Lebensgrundlage verschwinden würde.

Parasiten

Parasiten sind meistens sehr stark spezialisierte Lebewesen. Ihr typisches Habitat ist in der Regel ein anderes Lebewesen, man bezeichnet dieses meist als Wirt. Oft sind Parasiten auf wenige oder sogar nur eine Wirtsart beschränkt. Der Parasit ernährt sich oft über eine gewisse Zeit vom gleichen Wirtsorganismus, aber meist ohne dass dieser dabei unmittelbar getötet wird. Lang andauernder oder intensiver Parasiten-befall kann aber den Wirt so stark schwächen, dass er daran zugrunde geht.

Parasitismus ist besonders im Tierreich weit verbreitet. Schätzungen gehen davon aus, dass rund ein Viertel aller Arten parasitisch lebt. Dabei gibt es viele verschiedene Formen von Parasitismus. Oft ist es nicht einfach, den Parasitismus von anderen Interaktionen zwischen Arten zu unterscheiden (z. B. Räuber-Beute-Beziehung). Deshalb spricht man im Fall von Parasitoiden (z. B. Grabwespen, Schlupfwespen) auch von Raubparasitismus. Was den Raubparasitismus vom Parasitismus unterscheidet, ist, dass im Falle des Ersteren der Tod des Wirts unvermeidlich ist.

93←
Sommer:
«Wildbienen»

Pflanzen und Tiere als Wirte

Bei den tierischen Parasiten kann man unterscheiden zwischen Arten, die andere Tiere befallen, und Arten, die Pflanzen befallen. Bekannte Vertreter der ersten Gruppe sind zum Beispiel Blutsauger wie Flöhe, Läuse oder auch Stechmücken und

Grabwespe

Zecken. An wirbellosen Tieren kann man oft auch Milben entdecken, die sich von deren Körperflüssigkeit ernähren. Dabei handelt es sich um sogenannte *Ektoparasiten*. Diese leben auf dem Wirt und dringen nur mit ihren Saugorganen in den Wirt ein. Daneben gibt es auch die *Endoparasiten*, die im Innern des Wirtskörpers leben. Typische Beispiele hierfür sind Band- und Fadenwürmer und Pilze oder auch die zahlreichen einzelligen Krankheitserreger.

→118
Sommer:
«Heuschrecken»

Die wohl bekanntesten Vertreter der Pflanzen befallenden tierischen Parasiten sind die Blattläuse. Bei massenhaftem Auftreten können sie die Wirtspflanze schwächen und auch Viruserkrankungen übertragen und einen Pilzbefall fördern. Da die Blattläuse auch gerne von Ameisen «gemolken» werden, werden sie von diesen auch gegen Fressfeinde beschützt. Marienkäfer und deren Larven wiederum fressen mit Vorliebe Blattläuse und werden deshalb als Nützlinge im Pflanzenschutz geschätzt. Ein anderes Beispiel für Pflanzen befallende tierische Parasiten sind die verschiedenen Pflanzengallen bildenden Insekten. Dabei wird die Pflanze dazu gebracht, besondere Strukturen zu bilden, in denen die Larven der Parasiten geschützt sind und sich von dem pflanzlichen Gewebe ernähren können.

→124
Sommer:
«Zwei verschiedene Blattlausjäger»

→187
Kurzinfo Winter:
«Auf Rosen gebettet»

Blattlauskolonie   Galle einer Rosengallwespe im Winter

Parasitismus, Symbiose oder Koexistenz?

Neben der Ausnutzung eines Organismus gibt es auch Fälle, wo der «Parasit» sich wohl vom Wirt ernährt, aber dieser auch eine Gegenleistung erhält. Man nennt diese Form der Beziehung «Symbiose». Das ganze Thema der Bestäubungsbiologie kann auch unter diesem Gesichtspunkt betrachtet werden: Je aufwändiger der Blütenbau ist, desto spezialisierter sind oft auch die Bestäuber. Der Nektar ist zum Beispiel nur von langrüssligen Insekten erreichbar. Es gibt aber auch sogenannte Nektardiebe, welche den Blütenkelch aufbeißen und so zum Nektar gelangen, ohne eine Bestäubungsaufgabe zu übernehmen. Diese sind natürlich wiederum eher dem Parasitismus zuzurechnen.

Ein typisches Beispiel für eine Symbiose sind die Flechten. Diese sind das symbiotische Resultat zwischen photosynthesefähigen Algen auf der einen und Pilzen auf der anderen Seite. Auch die Beziehung zwischen Mykorrhizapilzen und Pflanzenwurzeln bilden eine Symbiose: Der die Pflanzenwurzeln umschließende Pilz ermöglicht der Pflanze eine bessere Wasser- und Nährstoffaufnahme, bekommt dafür von der Pflanze aber Kohlenhydrate.

Neben Parasitismus und Symbiose ist auch noch die Koexistenz erwähnenswert. Sie tritt dann ein, wenn zwei Arten zusammenleben, ohne dass einer der Partner dem anderen etwas von ihren Ressourcen abgeben muss.

Oft sind die Grenzen zwischen diesen Beziehungsformen nur schwer zu ziehen respektive müssen durch neue Forschungsergebnisse wieder neu beurteilt werden.

78←
Sommer:
«Werbung,
Täuschung und
Betrug»

Aufgebissene Blüten von Schneeglöckchen

Beobachtungstipps

Vielleicht haben Sie auch schon Grab- und Wegwespen entdeckt, die auf vege-
tationsfreien eher sandigen Flächen suchend herumgehen und Löcher graben. Unter diesen Wespenarten gibt es solche, die eine stattliche Größe haben.
Wenn Sie sich bei der Beobachtung dieser Tiere ein bisschen Geduld lassen
und Glück haben, so können Sie vielleicht sogar erleben, wie eine Grabwespe
eine zuvor gefangene und gelähmte Raupe in ihr Loch trägt und dieses nach
der Eiablage wieder verschließt und tarnt.

Beobachten Sie doch auch einfach das Treiben auf einer artenreichen Wiese
und versuchen Sie mögliche gegenseitigen Abhängigkeiten und Beziehungen
zwischen den verschiedenen Arten zu erkennen. Vielleicht werden Sie auch
ein Insekt mit Milbenbefall entdecken können.

Grabwespe mit gelähmter Raupe
als Nahrung für eine Wespenlarve.

Heuschrecken

Sie zirpen und hüpfen durch die sommerlichen Wiesen und können dabei kaum übersehen werden: Die Heuschrecken gehören wohl zu den häufigsten Bewohnern von extensiv genutzten Wiesen. Man muss aber schon genau hinschauen und hinhören, um die einzelnen Arten voneinander unterscheiden zu lernen.

50←
Frühling:
«Wer hat in
die Wiese
gespuckt?»

Heuschrecken gehören zu einer evolutionär «alten» Ordnung der Insekten. Mit ihren auffälligen Hinterbeinen, die ihnen weite Sprünge ermöglichen, fallen sie sofort auf. Sie durchlaufen in ihrer Entwicklung nur eine unvollständige Verwandlung, was bedeutet, dass auch schon die Larven eindeutig als Heuschrecken zu erkennen sind. Mit jeder Häutung werden sie den ausgewachsenen Tieren ähnlicher. Es kann trotzdem leicht geschehen, dass die Larvenstadien als eigenständige Arten betrachtet werden. Was Larven aber von ausgewachsenen Heuschrecken (von wenigen Ausnah-

124←
Sommer:
«Zwei verschie-
dene Blattlaus-
jäger»

men) unterscheidet, ist, dass nur Letztere fertig entwickelte Flügel und Geschlechtsanhänge haben.

Heuschrecken werden in zwei Gruppen unterteilt. Die Langfühlerschrecken (Laubheuschrecken, Grillen und Maulwurfsgrillen) sind an ihren sehr langen und

Der Warzenbeißer ist eine typische
Langfühlerschrecke.

namensgebenden Fühlern sowie den langen Legeröhren der Weibchen zu erkennen. Die Kurzfühlerschrecken (Feldheuschrecken und Dornschrecken) haben deutlich kürzere Fühler und entsprechen der allgemeinen Vorstellung von Heuschrecken. Wenn von Grashüpfern gesprochen wird, so handelt es sich dabei um eine artenreiche Gruppe innerhalb der Feldheuschrecken. Dazu gehört auch der häufig in verschiedensten Wiesentypen anzutreffende Gemeine Grashüpfer.

Gesang

Die Heuschrecken haben eine Fähigkeit zur Lautäußerung entwickelt, die sonst keine andere Insektenordnung besitzt. Sie dient den Männchen dazu, Weibchen anzulocken. Wenn sich zwei Männchen begegnen, kommt es oft zu einem Rivalengesang. Der Gesang der Heuschrecken ist artspezifisch und bietet ein gutes Unterscheidungskriterium bei morphologisch schwer zu unterscheidenden Arten. Bei den Grashüpfern findet zudem vor der Paarung ein Werbegesang statt, der sich meistens deutlich vom gewöhnlichen Gesang unterscheidet. Auch er kann bei der Artbestimmung hilfreich sein. →

Heuschrecken-gesang

Grundsätzlich gibt es zwei Arten der Geräuscherzeugung bei den Heuschrecken: Laubheuschrecken, Grillen und Maulwurfsgrillen reiben die beiden Vorderflügel gegeneinander. Dabei wird eine Schrillleiste über eine Schrillkante gezogen. Die

→59
Frühling:
«Feldgrille»

Gemeiner Grashüpfer

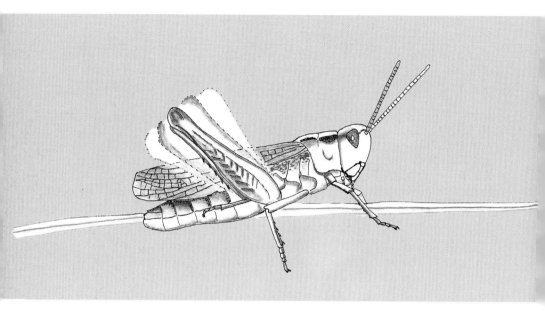

 meisten Feldheuschrecken hingegen erzeugen den Gesang mit den Hinterbeinen.

Heuschrecken

Dabei streichen sie einen oder beide Hinterschenkel mit einer gezähnten Leiste über eine vorstehende Flügelader. Neben diesen beiden Hauptgruppen gibt es noch spezielle Methoden, die von einigen Arten angewendet werden. Von diesen sind zum Beispiel das schnarrende Fluggeräusch der Rotflügeligen Schnarrschrecke und das Blatttrommeln der Eichenschrecke zu nennen. Die letztere Methode ist allerdings nur auf kurze Distanz hörbar.

Interessant ist auch die Lage der Gehörorgane bei den Heuschrecken (vgl. Abbildung S. 123). Bei den Langfühlerschrecken befinden sie sich an den Vorderbeinen in Form von je zwei schlitzförmigen Öffnungen hinter der sich jeweils ein Trommelfell verbrigt. Bei den Feldheuschrecken hingegen befinden sich die Gehörorgane seitlich am ersten Hinterleibssegment.

Ernährung

Oft wird angenommen, dass die Nahrung der Heuschrecken aus pflanzlichen Bestandteilen besteht. Bei den Kurzfühlerschrecken trifft dies auch weitgehend zu. Grashüpfer fressen Gräser, und andere bevorzugen Kräuter, Moose und Flechten. Die Langfühlerschrecken hingegen nehmen sowohl pflanzliche als auch tierische Nahrung zu sich. Große und kräftige Arten wie die Heupferde ernähren sich vorwiegend

Zirpende Heuschrecke

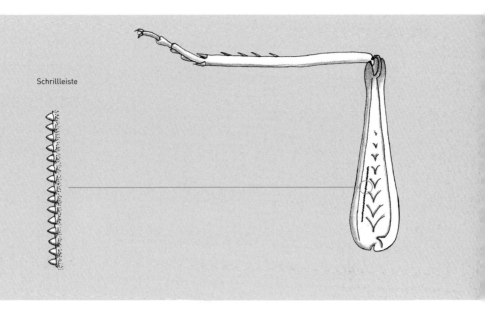

Schrillleiste

von Insekten und machen auch gezielt Jagd auf andere Heuschrecken. Beobachtungen und Untersuchungen zeigten aber, dass auch Kurzfühlerschrecken tierische Nahrung zu sich nehmen. Dabei handelt es sich aber wohl nur um die Verwertung von bereits toten Insekten.

Feinde

Heuschrecken kommen oft in großer Zahl in Wiesen vor und sind daher auch wichtige Beutetiere für viele andere Arten. Unter den Wirbeltieren sind vor allem Vögel, aber auch Fuchs, Igel, Spitzmäuse und Eidechsen bedeutende Fressfeinde. Unter den Wirbellosen zählen neben den bereits erwähnten Langfühlerschrecken Spinnen und Grabwespen zu den Heuschreckenjägern. Weiter gibt es noch die Parasiten und Krankheitserreger, wie Milbenlarven, Fadenwürmer und Pilze. Um sich vor Fressfeinden zu schützen, haben sie of eine Färbung, welche sie in Ruhe nur schwer zu entdecken erlaubt. Oft verstecken sie sich aber auch geschickt in der Wiesenvegetation oder hinter Grastängeln.

→54, 98
Frühling:
«Zauneidechse»
Sommer:
«Neuntöter»

→158
Herbst:
«Spinnen und
Altweibersommer»

→106
Sommer:
«Warnen, Tarnen
und Täuschen»

Stridulation mit den Beinen

Was ist da passiert?

Es kann vorkommen, dass Sie einmal eine tote Heuschrecke entdecken, die sich zuoberst an einem Stängel oder einem Grashalm festgeklammert hat. Sie hat sich diesen Platz zum Sterben nicht freiwillig ausgesucht: Ein spezialisierter Pilz *(Entomophaga grylli)* veranlasst das Opfer, kurz vor dem Tod auf eine erhöhte Stelle zu klettern. So kann der Pilz seine Sporen weiter verstreuen.

114←
Sommer:
«Parasiten»

Von einem Pilz befallene Heuschrecke

Beobachtungstipps

Es lohnt sich sehr, einmal am Wegrand oder an einer Böschung mit lückiger Vegetation und vielen Heuschrecken deren Verhalten zu beobachten. Wie viele verschiedene Arten können Sie optisch unterscheiden? Wie reagieren die Heuschrecken auf Störungen oder mögliche Feinde?

Im Hoch- und Spätsommer können in extensiv genutzten Wiesen oft viele Heuschrecken beobachtet und gehört werden. Bei genauem Hinhören und etwas Übung lassen sich zahlreiche Arten anhand ihrer verschiedener Gesänge unterscheiden. Wie viele verschiedene Arten können Sie unterscheiden?

Frage

> Sind Heuschrecken Vegetarier?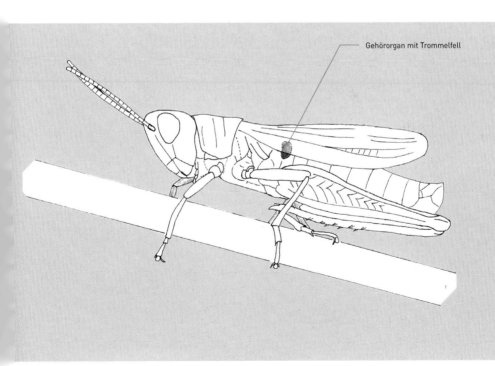

→196
Antwort

Gehörorgan mit Trommelfell

Gehörorgan der Kurzfühlerschrecken

Zwei verschiedene Blattlausjäger – oder doch nicht?

Wer kennt sie nicht, die kleinen leuchtend roten Käfer mit den schwarzen Punkten? Gerngesehen sind sie auch in der Landwirtschaft und im Gartenbau, wo man sie als große Blattlausvertilger schätzt. Es gibt zahlreiche unterschiedliche Marienkäferarten, die sich anhand ihrer Größe, Färbung und Anzahl Punkten unterscheiden. Ihr auffälliges Äußeres ist aber auch eine Warnung an potenzielle Fressfeinde. Sie können bei Gefahr eine giftige und unangenehm riechende Flüssigkeit aus den

106←
Sommer:
«Warnen, Tarnen und Täuschen»

Marienkäfer

Gelenkhäuten absondern (Reflexbluten) und stellen sich dabei tot. Neben den Marienkäfern scheint es noch ein weiteres Tier zu geben, das an den Blattläusen als Beute sehr interessiert ist. Dabei handelt es sich um die Larven der Marienkäfer. Die Käferweibchen platzieren ihre Eier nahe bei den Blattlauskolonien, damit die frisch geschlüpften Larven ihre Nahrung nicht lange suchen müssen. Die Marienkäfer und ihre Larven können sich aber nicht immer gefahrlos über die wehrlosen Blattläuse hermachen. Oft werden diese nämlich von Ameisen beschützt.

→114
Sommer:
«Parasiten»

So wie die Marienkäfer unterscheiden sich auch deren Larven von Art zu Art und von Larvenstadium zu Larvenstadium. Sie können nur wachsen, indem sie ihre alte, zu enge Hülle aufbrechen und abstoßen. Die darunter liegende neue Hülle ist zunächst noch weich und kann daher über das vorgängige Volumen der Larve ausgedehnt werden, bevor sie aushärtet.

Bei vielen Insektenarten können Larven und adulte Tiere gleichzeitig beobachtet werden. Wenn sie – wie beim Marienkäfer – völlig verschieden aussehen, so kann man ohne Vorkenntnisse oder gute Beobachtungen den Zusammenhang zwischen ihnen nicht sofort feststellen.

Marienkäfer

Marienkäfer (und andere Insekten mit sehr deutlichen Unterschieden zwischen dem Larven- und dem Adultstadium) durchlaufen eine Puppenphase. Dabei wird der Körper des Insekts vollständig umgebaut (vollständige Metamorphose). Diese Insekten werden als holometabole Insekten bezeichnet. Daneben gibt es aber auch die Gruppe der Insekten ohne Puppenphase. Hier sind die Larvenstadien meistens sehr ähnlich wie die adulten Tiere.

→50
Sommer:
«Wer hat in die
Wiese gespuckt»

→118
Sommer:
«Heuschrecken»

Marienkäferlarve

Goldaugen

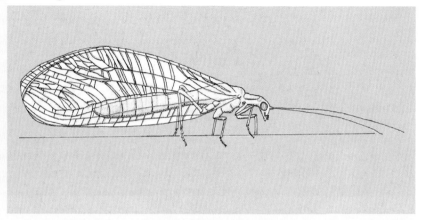

Neben den Marienkäfern sind auch die Florfliegen gute Schädlingsvertilger.
Sie jagen neben den Blattläusen teilweise auch Milben. Aufgrund der auffallend goldschimmernden Komplexaugen, werden sie auch als Goldaugen
bezeichnet. Sie haben einen zierlichen Körperbau mit langen Fühlern und
filigranen Flügeln, die in Ruhe dachförmig zusammengelegt werden. Auch
die Larven, die aus Eiern an dünnen Stielen schlüpfen, sind gefräßige Blattlausvertilger. Die Larven gewisser Arten tarnen sich mit den leeren, aus-
gesaugten Häuten ihrer Beute und werden so von den «hütenden» Ameisen
nicht oder weniger schnell erkannt.

 ## Beobachtungstipps

Den Marienkäfern oder ihren Larven beim Blattlaus-Schmaus zuzuschauen,
ist nicht uninteressant. Beobachten Sie, was passiert, wenn ein Käfer oder
eine Larve auf Ameisen trifft.

Frage

196←
Antwort

> Warum werden Blattläuse oft von Ameisen gegen Fressfeinde wie Marien-
  käfer verteidigt?

Florfliege

Die Nacht – die dunkle unbekannte Welt

Mit dem Einsetzen der Abenddämmerung beginnt ein faszinierender Wechsel in der Natur. Die eifrigen Blütenbesucher, Bienen und Tagfalter, sind nun verschwunden, die Feldheuschrecken verstummt und die Tiere des Tages zu ihren Schlafplätzen aufgebrochen. Auch viele Pflanzen haben ihre Blüten nun geschlossen. Ohne Mondlicht und ohne Taschenlampe können wir mit unserem Sehsinn nicht viel erkennen, und so geht es auch den meisten tagaktiven Tierarten. Spezielle Anpassungen der Augen ermöglichen aber vielen nachtaktiven Tieren eine gute und sichere Orientierung. Ihre Augen sind oft auch sehr groß und haben eine große Pupillenöffnung.

→93
Sommer:
«Wildbienen»

Bedeutend wichtiger als der Sehsinn ist in der Nacht aber das Gehör. Dieser Sinn – unabhängig von jeglichem Licht – ist bei Neumond genauso verlässlich wie in Vollmondnächten. Allerdings braucht es für eine gute Orientierung auch hier

Landschaft im Mondlicht

Fledermäuse

besondere Anpassungen. Dies wird zum Beispiel durch vergrößerte Ohrmuscheln bewerkstelligt, die es erlauben, die Laute der Nacht zu sammeln und deren Richtung zielsicher zu orten. Ein Paradebeispiel sind in dieser Hinsicht die Fledermäuse. Ihre Ultraschalllaute, die sie für uns unhörbar ausstoßen, werden an Hindernissen oder Beutetieren reflektiert. Dies ermöglicht den Fledermäusen eine sehr sichere und präzise Ortung und Orientierung bei absoluter Dunkelheit. Es ist offensichtlich, dass dies für nachtaktive Luftjäger unabdingbar ist.

70←

Sommer:
«Bunte Wiesen-
besucher»

Zur Hauptbeute der Fledermäuse gehört die sehr artenreiche Gruppe der Nachtfalter. Diese Insekten übernehmen teilweise auch die Funktion von Bestäubern der in der Nacht geöffneten Blüten. Natürlich versuchen die Nachtfalter, den Fledermäusen zu entgehen. Einige von ihnen sind hierfür in der Lage, die Ultraschallortung der Fledermäuse zu verwirren. Sie können die Ultraschalllaute der Fledermäuse wahrnehmen und dann entsprechende Ausweichmanöver starten. Dies ermöglicht zumindest einem Teil der Falter ein Entkommen. Auch die dämmerungs- und nachtaktiven Florfliegen reagieren auf die Ortungsrufe der Fledermäuse. Sie machen – sobald sie diese Geräusche hören – sofort eine Sturzflug, um den Jägern zu entgehen. Sie können aber auch selber Ultraschalllaute durch Vibrationen und Zuckungen des Hinterleibs (Abdomens) erzeugen. Untersuchungen zeigten, dass diese beim Paarungsverhalten eine wichtige Rolle spielen.

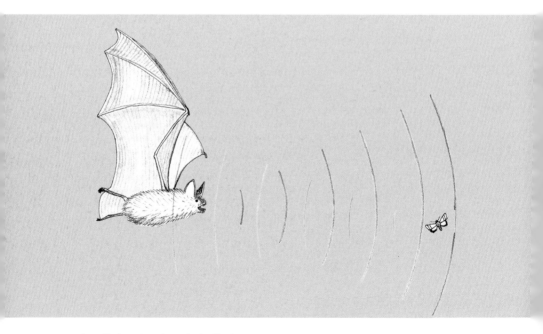

Fledermäuse jagen in der Nacht
mithilfe der Ultraschallortung.

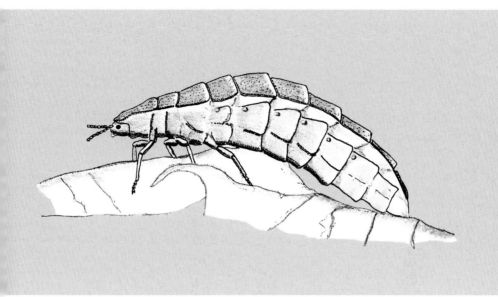

Ein besonders interessantes Nachttier ist natürlich das Glühwürmchen. Obwohl es in Mitteleuropa mehrere Arten gibt und diese verbreitet vorkommen, wird das fluoreszierende Leuchten nicht oft beobachtet. Die flugunfähigen Weibchen versuchen mit ihren Leuchtorganen die geflügelten Männchen anzulocken. Ihr Licht wird durch die Reaktion von zwei Stoffen (Luciferin und Luciferase) erzeugt. Die Leuchtaktivität wird durch die abnehmende Helligkeit am späten Abend ausgelöst und hält dann für etwa drei Stunden an, wobei aber die Leuchtintensität kontinuierlich abnimmt. Die Larven der Glühwürmchen sind Schneckenjäger. Sie können der Schleimspur folgen und töten dann ihre Beute mit einem Giftbiss.

Die Nacht ist auch die Zeit der Nachtgreife – der Eulen. Neben einem sehr lichtempfindlichen Sehsinn orientieren sie sich stark nach dem Gehör. Schon das leise Rascheln einer Maus kann die Aufmerksamkeit einer jagenden Schleiereule erregen. Sie übernehmen in der Nacht also die Rolle der tagaktiven Mäusejäger. Auch die Mäuse verfügen aber über ein gutes Gehör und können daher unter Umständen die Fluggeräusche von Vögeln wahrnehmen. Gerade gegenüber Eulen ziehen sie aber trotzdem oft den Kürzeren, da diese feine Fortsätze an ihren Flügelfedern haben, die ihre Fluggeräusche auf ein Minimum reduzieren.

→ ▓▓▓▓▓
Glühwürmchen

→152
Herbst:
«Schnecken»

→189
Winter:
«Artenvielfalt fördern»

→
→ ▓▓▓▓▓
Steinkauz

Glühwürmchen-Weibchen

 ←
Schleiereule

Es gibt noch viele andere Tiere, die in der Nacht aktiv sind. Während einige auch am Tag beobachtet werden können (Fuchs, Reh und Feldhase), sind andere fast nur in der Dunkelheit unterwegs (Igel, Marder und Dachs). Von letzteren lassen sich tagsüber meist nur ihre Spuren feststellen. Auch Frösche und Kröten sind besonders in der Nacht unterwegs und dank ihren Rufen wahrnehmbar. Die Nacht ist aber auch die Zeit der

152←
Herbst:
Schnecken

Schnecken: Ohne Sonnenlicht und mit den tieferen Temperaturen steigt die relative Luftfeuchtigkeit, was die Gefahr der Austrocknung während der oftmals exponierten

136, 158←
Kurzinfo Sommer:
«Wespenspinne»;
Herbst:
«Spinnen und
Altweibersommer»

Nahrungssuche verkleinert. Auch Spinnen sind in der Nacht aktiv. Die meisten netzbauenden Arten erstellen oder reparieren im Schutz der Dunkelheit ihre Netze. So sind diese dann bei Tageslicht und zu Beginn der Aktivität der Blütenbesucher wieder voll funktionsfähig. Spinnen können mit ihren Spinndrüsen am Hinterleib je nach Verwendungszweck ganz unterschiedliche Fäden produzieren: Sie brauchen einen

←
Wespenspinne

Seidenfaden für das Grundgerüst des Netzes, einen klebrigen Faden zum Fangen der Beute, Fäden zur Herstellung des Kokons für die Eier und einen Faden, mit dem sie sich immer sichern. Die Spinnen bewegen sich in ihrem Netz, ohne die eigenen Fangfäden zu berühren.

Schleiereule

Beobachtungstipps

Weil in der Nacht nicht die Augen, sondern die Ohren die meisten Informationen über unsere Umgebung liefern, müsste man hier eigentlich eher von «Hörtipps» als von «Beobachtungstipps» sprechen ...
Um die Tiere des Nachts nicht unnötig zu stören, sollten Sie auf Ihrem Spaziergang über Wiesen und Felder die Taschenlampe so selten wie möglich einschalten. Dabei können Sie auch erfahren, dass sich unser Sehsinn nach einer gewissen Zeit an die Dunkelheit anzupassen vermag und wir sogar in der Nacht erstaunlich viele Sachen sehen können.

› Versuchen Sie möglichst geräuschlos zu gehen, sodass auch eine Schleiereule Sie nicht hören kann.
› Versuchen Sie die verschiedenen natürlichen nächtlichen Geräusche ihren Quellen zuzuordnen und zu lokalisieren.
› Werden an Ihrem Standort die natürlichen Geräusche auch des Nachts durch den Zivilisationslärm gestört? Falls nein, so haben Sie einen der wenigen Plätze in Mitteleuropa gefunden, wo die Zivilisation des Nachts noch «unhörbar» ist. Geniessen Sie dieses seltene Erlebnis!
› Versuchen Sie sich vorzustellen, was die Zivilisationsgeräusche wohl für Auswirkungen auf die nachtaktiven Tiere haben. Stört der Lärm sie? Beeinträchtigt er die Jagd? Oder haben sich auch die Tiere an den Lärm gewöhnt?
› Auch wenn Sie jagende Eulen wohl selten beobachten können, verraten diese ihre Anwesenheit manchmal durch Rufe. Können Sie auf Ihrem Spaziergang die gespensterhaften Rufe des Waldkauzes hören?

Frage

› Weshalb haben Nachtfalter oft stark gefiederte Fühler?

→196
Antwort

Kleine nächtliche Sänger

59← Singende Heuschrecken wie der Nachtigall-Grashüpfer und die Feldgrille lassen
Frühling:
«Feldgrille» sich bei Tageslicht in einer Wiese relativ einfach entdecken. Es gibt aber auch Heuschreckenarten, die man gut hören, aber in der Wiese nur schwer lokalisieren kann. Dazu gehören zum Beispiel die Männchen der Maulwurfsgrille: Sie singen – hauptsächlich nach dem Sonnenuntergang – in einem schallverstärkenden, selbst gegrabenen Gangsystem knapp unter der Erdoberfläche. Noch schwieriger ist eine Beobachtung des Weinhähnchens, welches nur in sehr warmen und gut besonnten
Weinhähnchen,
Grünes Heupferd Gegenden vorkommt. Zwar gehört es zu den lautesten Sängern unter den heimi-
118← schen Heuschrecken, da es aber relativ klein und schlank ist, ist es in der Wiese sehr
Sommer:
«Heuschrecken» schwierig zu finden. Wesentlich einfacher ist es da, das weit verbreitete und auffälligere Grüne Heupferd zu beobachten.

Maulwurfsgrille

Weinhähnchen

 ### Beobachtungstipps

Eine schöne warme, möglichst windstille Sommernacht ist bestens geeignet, um den heimlichen Sängern zu zuhören. Sie werden erstaunt sein, was Sie dabei alles hören können. Nähern Sie sich den singenden Tieren ganz langsam und möglichst geräuschlos. Versuchen Sie dabei, deren Standort möglichst genau zu bestimmen. Dies erleichtert Ihnen die Beobachtung der Tiere. Sollten Sie das Glück haben, ein Weinhähnchen zu hören, so gehen Sie einmal im Halbkreis um den vermuteten Standort herum und achten Sie dabei auf die Lautstärke des Gesanges. Je nach Position zum singenden Weinhähnchen-Männchen werden Sie große Unterschiede feststellen können.

Wenn Sie genug singende Heuschrecken beobachtet haben, so können Sie sich auch auf die Suche nach schlafenden Wildbienen oder Wespen machen. Zwar ruhen sich diese gerne in ihren Nestern oder Hohlräumen aus und sind dann nicht zu sehen. Zuweilen verbringen sie die Nacht aber auch in oder auf den Blüten von Glockenblumen, Wegwarten, Disteln und weiteren Arten. Dazu beißen sich manche ganz einfach über Nacht an einer Pflanze fest.

93←
«Wildbienen»

Grünes Heupferd

Kurzinformationen Sommer

Weltuntergang für Wiesenbewohner

Alles grünt und blüht, die Insekten zirpen, und die Vögel suchen ihr Futter. Doch dann kommt plötzlich die Mähmaschine und schneidet alles kurz und klein. Für die Pflanzen und Tiere in einer Wiese ist die Mahd wie ein Weltuntergang: Ihr Lebensraum, der sich während Wochen entwickelt hat, ist plötzlich verschwunden, Nahrungsquellen, Verstecke und Gelege werden zerstört. Oft bleibt den Insekten nicht einmal genug Zeit, sich rechtzeitig vor der Mähmaschine in Sicherheit zu bringen. Dies ist besonders dann der Fall, wenn gleichzeitig eine große Fläche gemäht wird und das Schnittgut rasch eingeholt und nicht mehr lange liegen gelassen wird. Wenn gestaffelt gemäht würde, so hätten auch weniger mobile Arten eine Überlebenschance.

Erstaunlicherweise kann sich das Ökosystem Wiese nach einer Mahd aber wieder erholen. Sobald die regenerationsfähigen Wiesenpflanzen nachwachsen, kehren auch viele Insekten und Tiere zurück. Blütenbesucher wie Schmetterlinge oder Bienen fehlen dann allerdings. Hingegen fallen nun die in den niederen «Stockwerken» lebenden Heuschrecken und Zikaden besonders auf.

→21
Einleitung:
«Wiese ist nicht
gleich Wiese»

Wohlriechender Heuduft

Wenn die gemähten Pflanzen langsam verwelken oder wenn das Heu getrocknet ist, beginnt es gut zu duften. Dieser typische Heuduft ist umso stärker, je mehr Ruchgras (*Anthoxanthum odorantum*) in einer Wiese gewachsen ist. Ruchgras bevorzugt magere Böden und enthält Cumarin. Beim Trocknen wird der Cumarinduft verstärkt. Früher wurden Getränke oder Schnupftabak mit Ruchgras oder dem ebenfalls cumarinhaltigen Waldmeister aromatisiert. Sicher war dies nicht immer frei von Nebenwirkungen, denn Cumarin ist in größeren Mengen giftig und wurde beispielsweise gegen Ratten eingesetzt.

Ruchgras braucht nicht zu duften, um Insekten anzulocken, wird es doch vom Wind bestäubt. Cumarin schützt die Pflanze aber davor, gefressen zu werden. Kühe lassen beim Weiden dieses Gras stehen. Zu Heu verarbeitet, mögen sie es aber gerne. Grund hierfür ist, dass sich beim getrockneten Ruchgras das Cumarin verflüchtigt hat.

Maulwurf und Schermaus

Wenn eine Wiese gemäht ist, so fallen die Erdhügel von Maulwurf oder Schermaus besonders auf.

Der Maulwurf gräbt mit kräftigen, grabschaufelartigen Vorderfüßen weit verzweigte Gänge unter der Erdoberfläche. Seine Gänge können 150 m lang sein und bis zu einem Meter tief unter der Erdoberfläche liegen. Ein Maulwurfsloch ist etwa 4×5 cm groß und immer in der Mitte des Maulwurfshügels zu finden. Die Hügel entstehen, wenn der Maulwurf mit Kopf und Pfoten die beim Graben anfallende Erde beiseiteschafft. Sein samtartiger, weicher Pelz hat keine Strichrichtung, wie dies zum Beispiel beim Fell der Katze der Fall ist. Aus diesem Grunde kann es in den engen Erdgängen in jeder beliebigen Richtung gestrichen werden, ohne dass dies für den Maulwurf unangenehm oder störend wäre. Während seiner drei Aktivphasen pro Tag sucht er in seinem Gangsystem nach Nahrung. Dabei frisst er Insekten, Insektenlarven und Regenwürmer. Er legt auch Vorratskammern an, in denen er mit Bissen gelähmte Regenwürmer lagert. Außer in der Paarungszeit lebt ein Maulwurf immer alleine. Das Weibchen wirft zwei Mal im Jahr 2–7 Junge. Ein Maulwurf kann 3 Jahre alt werden. Mit seiner Grabtätigkeit durchlüftet er den Boden und vertilgt Insekten, die an den Kulturen auch als Schädlinge auftreten könnten. Unbeliebt wird er nur, wenn seine Hügel beim Mähen stören oder wenn seine Gänge von Schermäusen besiedelt werden.

178←
Winter:
«Wer hat hier
gegraben?»

←
Schermaus

Im Gegensatz zum Maulwurf frisst die Schermaus Wurzeln und grüne Pflanzenteile. Sie gilt als Schädling, weil sie in Obstgärten junge Bäume zum Absterben bringen kann, wenn sie deren Wurzelwerk schädigt. Andererseits ist sie wichtig als Nahrung für Füchse, Wildkatzen, Eulen oder Raubvögel. Die Erdhaufen der Schermaus sind flacher und länglicher als jene des Maulwurfs. Zudem sind sie auch oft mit etwas Gras vermengt. Sie führen schräg in die Erde und sind oft mit einem Erdklumpen verstopft.

Versammlungen in der Höhe

152←
Herbst:
Schnecken

In trockenen Wiesen und Ruderalstandorten kann man im Sommerhalbjahr oft Gehäuseschnecken hoch an Pflanzenstängeln beobachten. Manchmal trifft man sie dabei einzeln an, manchmal haben sich aber auch viele Tiere an einem Stängel eingefunden. Ihre Gehäuseöffnungen haben sie dabei mit einem Schleimhäutchen verschlossen. Aber warum tun sie das? Wieso haben sie sich nicht am Boden unter Steinen oder Altgras versteckt und eingekapselt?

Der Grund für ihr merkwürdiges Verhaltens sind die hohen Temperaturen auf der Bodenoberfläche: Die starke Sonneneinstrahlung und der geringe Luftaustausch knapp über dem Boden können die Temperaturen sehr stark ansteigen lassen. In der Höhe ist zwar die direkte Sonneneinstrahlung auf das Gehäuse

ebenfalls groß. Weil diese aber meistens sehr hell oder sogar weiß sind, kann ein großer Teil dieser Strahlung reflektiert werden. Aus diesem Grunde – und weil der Wind an den Stängeln zusätzlich kühlt – werden die Körper der Schnecken nicht übermäßig erwärmt.

Wespenspinne

Die Wespenspinne ist mit ihrer auffälligen Färbung und Musterung des Hinterleibs kaum zu verwechseln. Nichtsdestotrotz ist sie aber leicht zu übersehen, da sie ihr Netz relativ dicht über dem Boden in der Vegetation anlegt. Bei den Wespenspinnen, die Sie entdecken, handelt es sich wohl fast immer um Weibchen. Die Männchen sind sehr viel kleiner als die Weibchen und eher unscheinbar gefärbt.

→106, 127

Sommer: «Warnen, Tarnen und Täuschen» und «Die Nacht»

Schneckenversammlung

Das kleine Männchen der Wespenspinne nähert sich dem großen Weibchen vorsichtig an.

Wespenspinne mit gefangener Heuschrecke

Entsprechend der Lage ihres Netzes sind Heuschrecken die häufigsten Beutetiere der Wespenspinne. Es werden aber natürlich auch andere Beutetiere gefressen,
die ins Netz geraten. Die Beute wird sofort eingewickelt und mit dem Spinnengift
getötet. Die Weichteile der Beutetiere werden von den enzymhaltigen Verdauungs-
säften der Wespenspinne aufgelöst und dann ausgesaugt.

→**118**
Sommer:
«Heuschrecken»

Nach der für die kleinen Männchen nicht ungefährlichen Paarung legen die Weibchen ihre Eier in kugelförmige braune Kokons. Die Jungspinnen schlüpfen bald
danach und überwintern dann im gut getarnten Kokon.

→
Wespenspinne

→**182**
Winter:
«Tierspuren»

Tiefflieger

Wenn im Sommer eine Wiese gemäht wird, dann sieht man manchmal Greifvögel
immer wieder dicht über die Wiese gleiten. Was ist da wohl los?

Greifvögel wie der Turmfalke und der Rotmilan ernähren sich teilweise von wirbellosen Tieren. Bei der Mahd verlieren viele von ihnen ihren Lebensraum. Große
Heuschrecken, wie zum Beispiel das Grüne Heupferd, suchen deshalb fliegend nach
einer ungemähten Wiese, die ihnen die verloren gegangene Deckung wieder bieten
kann. Turmfalke und Rotmilan machen sich diesen Umstand zunutze: Mit einem
Fernglas können Sie gut erkennen, wie sie die aufgescheuchten Heuschrecken jagen
und fressen.

→**63**
Kurzinfo Frühling:
«Jagdgebiet für
Greifvögel»

Beobachtungstipps

Maulwurf/Schermaus: Versuchen Sie herauszufinden, von wem die Erdhügel
auf einer Wiese sind.

Fragen

> Warum ist das Fell des Maulwurfs besonders gut an ein Leben in engen
  Gängen angepasst?
> Welches sind die häufigsten Beutetiere der Wespenspinne und wieso?

→**196**
Antworten

Herbst

Einleitung

Die warmen Sommerabende sind vorbei, die Nächte oft schon kühl, und des Morgens stehen wieder Nebel über Wiesen und Weiden. Mit dem Herbst ist aber auch die Zeit der Ernte und der warmen Herbstfarben angebrochen. Es ist spürbar, dass der gesamten Natur ein einschneidender Wechsel bevorsteht. Sommergäste wie Schwalben, Braunkehlchen oder Neuntöter sind bereits weggezogen oder bereiten sich auf ihren Zug in die Winterquartiere vor. Auf den Wiesen und in den Hecken ist es deutlich ruhiger geworden. Alles bereitet sich auf → ▮▮▮▮

Hecke im
Jahresverlauf

die kommende strenge Winterzeit vor. Wer regelmäßig draußen unterwegs ist, wird sich der fantastischen Stimmung dieser schönen und melancholischen Jahreszeit kaum entziehen können.

Gräser

Die meisten Pflanzen, die Sie in der Wiese sehen können, sind Gräser. Gräser sind weltweit verbreitet und ertragen Kälte, Hitze, Trockenheit, Nässe, und – in Meeresnähe – hohen Salzgehalt. Gräser gehören deshalb zu den ökologisch erfolgreichsten Pflanzen. Kein Wunder, werden viele Pflanzengesellschaften und Landschaften von Gräsern dominiert. Fast ein Fünftel der Vegetation der Erde besteht aus Gräsern. Besonders dominierend sind sie in ursprünglichen Graslandschaften wie Steppen, Savannen, Prärien und Pampas, also in Gebieten mit wenig Niederschlag oder häufigen Bränden. In Europa hingegen sind außer den alpinen Rasen und Sumpfgebieten die meisten ausgedehnten Grasflächen erst mit der menschlichen Besiedlung entstanden. Sobald Wiesen und Weiden bei uns aber nicht mehr bewirtschaftet werden, verbuschen sie, werden bald von kleinen Bäumen bewachsen und werden schließlich wieder zu Wald.

Lebensraum Wiese

12← Einleitung: «Aus Wäldern wurden Weiden und Wiesen»

> Gräser sind die häufigsten Pflanzen in einer Wiese.

Klein, aber fein – windbestäubte Blüten

Gräser kommen meist in großen Beständen vor. Dies erklärt, weshalb sie zu den windbestäubten Pflanzen gehören: Bräuchten sie zur Bestäubung Insekten, so müssten ungeheure Insektenschwärme vorhanden sein. Der vom Wind verteilte Blütenstaub (Pollen) der Gräser ist bei vielen Menschen jedoch unbeliebt, da er Allergien verursacht. Die Oberflächenstruktur der ansonsten harmlosen Pollenkörner reizt deren Immunsystem und kann zu Symptomen wie Niesen und Schnupfen, aber auch zu Asthma führen. Eine einzelne Graspflanze produziert bis zu 75 Millionen Pollenkörnern. Ein einzelner Pollen ist jedoch nur wenige Tausendstel Millimeter klein.

Oben: Seggenblüten
Unten: Blühendes Borstgras

Da Gräser windbestäubte Pflanzen sind, müssen sie nicht um die Aufmerksamkeit der Insekten buhlen. Sie haben deshalb unauffällige Blüten ohne starken Duft, ohne leuchtende Farben und auffällige Formen. Wenn man sie jedoch von Nahem oder mit der Lupe betrachtet, so sind auch ihre Schönheiten leicht zu erkennen. Wie jede Blüte besteht auch die Grasblüte aus einem Fruchtknoten und je nach Art aus zwei bis drei federförmig aufgefächerten Narben. An diesen bleiben die in der Luft schwebenden Pollen von anderen Blüten hängen. Unterhalb des Fruchtknotens baumeln

Scheuchzers Wollgras

lang gestielte Staubblätter mit gelblichen oder rötlichen Staubbeuteln, aus denen der Pollen in den Wind gestreut wird. Unterhalb der Staubblätter befinden sich winzige längliche Schuppen, die Schwellkörperchen. Wenn sie Wasser aufnehmen, dann schwellen sie stark an und öffnen dadurch die Blüte. Anstelle bunter Blütenblätter umgeben die Grasblüten unscheinbare schuppenartige Vor- und Hüllspelzen. Meist sind mehrere Blüten in einem sogenannten Ährchen (oder beim Getreide in einer Ähre) zusammengefasst.

Architektonische Meisterwerke

Grashalme haben eine erstaunliche Tragfähigkeit. Auch über einen Meter hohe Halme sind nur wenige Millimeter dick. Im Verhältnis dazu müsste ein Turm von 100 Metern Höhe am Grund nur 25 cm dick sein. Aus statischen und technischen Gründen ist ein solches Bauwerk nicht möglich. Der Bau eines Grashalms scheint den heutigen Möglichkeiten der Architektur also meilenweit überlegen zu sein!

Wenn Sie einen Halm der Länge nach aufschneiden oder aufreißen, dann sehen Sie, das seine dünnen Wände von Fasersträngen durchzogen sind. Dies sind feine Leitbahnen, in denen Wasser und Nährstoffe zwischen Wurzeln und Halmspitze fließen. Darum herum liegt eine steife Ummantelung aus Lignin, einem Material, das auch im Holz zu finden ist. Die stützenden Elemente sind so auf mehrere parallele Bänder verteilt und liegen im Halm weit außen, nahe an der Oberfläche. Diese Anordnung führt zu einer großen Biegefestigkeit, sodass Halme im Wind schwanken oder die Last der reifen Ähren tragen können, ohne gleich einzuknicken. Das Innere eines Halms hat keine tragende oder statische Funktion und kann deshalb hohl sein. Auf diese Weise wird zusätzliches Material und Gewicht eingespart. Der hohle Stängel wird nur ab und zu von Knoten unterbrochen. Oberhalb eines jeden Knotens befindet sich ein Gewebe, dessen Einzelzellen nicht spezialisiert sind und das bei Bedarf weiter wachsen kann. Sie erkennen es von außen an der helleren Farbe. Wenn ein Grashalm nach starkem Regen oder nach einem Tritt niedergedrückt ist, so beginnen die Zellen dieses Gewebes an einer Seite des Halms zu wachsen, sodass sich dadurch der Grashalm wieder aufrichtet. Allerdings fehlen in der Knotenregion die verstärkenden Ligninfasern. Deshalb sind die wachstumsfähigen Abschnitte am Halm seine schwächsten.

Gras ist unsere Nahrungsgrundlage

Ohne Gräser könnten wir nicht leben, denn sie zählen zu unseren wichtigsten Nahrungsgrundlagen. Zum einen ernähren wir uns von den Samen der Gräser (zum Beispiel von Weizen, Reis, Mais, Roggen, Hirse, Gerste und Hafer), zum anderen aber indirekt auch von deren Stängeln, die als Viehfutter von Tieren dienen, deren Milch oder Fleisch wir verzehren.

Rechts oben: Vom Regen niedergedrückte Gräser können sich später wieder aufrichten. Rechts unten: Weizen und andere Getreide sind Gräser.

Wiesengräser, die einfach zu erkennen sind

Zittergras *(Briza media)*
Merkmale: Ährchen an langen dünnen Stielen, die bei Berührung oder im Wind leicht zittern. Wird gerne vom Vieh gefressen.
Vorkommen: In mageren Wiesen und Weiden, an Wegböschungen. Das Zittergras ist eher auf trockenen Böden, von tiefen Lagen bis in die subalpine Stufe zu finden.

Knaulgras *(Dactylis glomerata)*
Merkmale: Ährchen in dichten Knäueln stehend. Am Grund fühlen sich die Grashalme beim Berühren flach an.
Vorkommen: Nährstoffreiche Böden in Wiesen und Wegrändern. Ist von den tiefen Lagen bis in die subalpine Stufe verbreitet.

Englisches Raigras *(Lolium perenne)*
Merkmale: Ährchen mit der Schmalseite auf der Blütenachse angeordnet. Die Blätter sind glänzend und dunkelgrün.
Vorkommen: Nährstoffreiche Böden in Wiesen, Rasen und Wegrändern. Sehr trittresistent. Das Englische Raigras ist ein ertragreiches Futtergras, welches sehr viel Eiweiß und Energie enthält. Es ist von den tiefen Lagen bis in die subalpine Stufe verbreitet.

Beobachtungstipps

> Betrachten Sie verschiedene Grasblüten unter der Lupe. Können Sie deren diskrete Schönheiten erkennen?
> Betrachten Sie einen Grasstängel. Können Sie dessen Wachstumszonen oberhalb der Knoten erkennen?
> Suchen Sie einen niedergedrückten Grashalm, der sich wieder aufzurichten beginnt.
> Versuchen Sie, die oben vorgestellten Gräser anhand der Beschreibung und der Fotos im Feld zu finden.

Fragen

> Wo wird ein Gras an ehesten brechen oder reißen?
> Wer bestäubt Gräser?

196←
Antworten

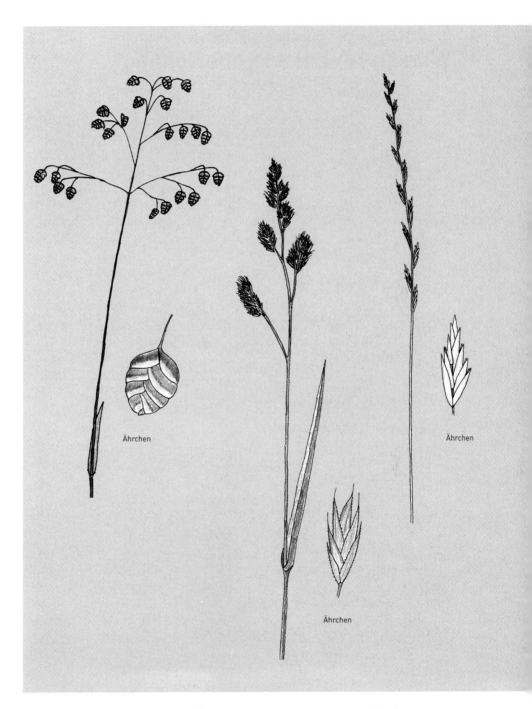

Ährchen

Ährchen

Ährchen

Zittergras   Knaulgras   Raigras

Schnecken – langsame Wiesen- und Heckenbewohner

Die meisten Schnecken sind zwar verhältnismäßig langsam, dafür aber stark: Einige können das Zehnfache ihres Körpergewichts schleppen. Der zähe Schleim gibt ihnen eine gute Bodenhaftung, sodass sie nicht nur senkrecht Bäume oder Mauern hochkommen, sondern sogar überhängend kriechen können. Ihre Gehäuse sind erstaunliche Kunstwerke. Je nach Art sind sie mit Rillen, Rippen oder Haaren verziert. Das Gehäuse dient vor allem als Schutz vor Austrocknung. Einbruchsicher ist es hingegen nicht. Bei einigen Arten, die in feuchten Lebensräumen leben oder nachtaktiv sind, hat es sich im Verlauf der Entwicklung zurückgebildet.

127←
Sommer:
«Die Nacht»

Schnecken

Wie ihr Aussehen sind auch die Lebensräume, die sie vom Unterland bis ins Gebirge hinauf besiedeln, sehr unterschiedlich. Einige wenige Schneckenarten (vor allem drei Nacktschneckenarten) konnten sich der Kulturlandschaft anpassen und haben sich unter den für sie idealen Lebensbedingungen so stark vermehrt, dass sie heute als Schädlinge gelten. Die große Mehrheit der übrigen ca. 400 Schneckenarten Nord- und Mitteleuropas sind hingegen gefährdet oder gar vom Aussterben bedroht. Schnecken gehören zusammen mit den Muscheln und weiteren Artengruppen zum Stamm der Weichtiere (Mollusca). Dieser artenreiche Stamm mit ungefähr 105 000 Arten wird nur noch von den Insekten an Artenvielfalt übertroffen.

Fressen und gefressen werden

Igel

Für viele Vögel, Igel, Erdkröten, Spitzmäuse oder Mäuse ist Schneckenfleisch eine wichtige Nahrungsgrundlage. Weitere Feinde der Schnecken sind parasitische Fliegenarten, von deren Larven sie bei lebendigem Leibe aufgefressen werden. Aber auch gewisse Käferlarven gehören zu den Schneckenjägern.

Die meisten Schnecken ernähren sich von Pflanzen. Das Spektrum reicht dabei von zart und saftig bis zu welk und vermodernd. Einige Schneckenarten fressen Aas oder ernähren sich räuberisch von anderen Schnecken. Sogar giftige Pilze schrecken Schnecken nicht ab. Fraßspuren an Pilzen sind deshalb keine Bestimmungshilfe, um giftige von ungiftigen Pilzen zu unterscheiden. Nacktschnecken sind vor allem nachtaktiv und tauchen erst bei Einbruch der Dunkelheit auf. Den Tag verbringen sie

35←
Einleitung:
«Lebensraum
Hecke»

geschützt in ihren Schlupfwinkeln. Mit Hecken, Steinhaufen oder Buntbrachen werden die natürlichen Feinde der Schnecken gefördert, allen voran die Igel.

Langsam und anspruchsvoll

Schnecken stellen hohe Ansprüche an ihre Umwelt. Je nach Art haben sie aber ganz unterschiedliche Vorlieben. Einige mögen es lieber schattig und feucht, andere sind angepasst an sonnige und trockene Standorte. So leben zum Beispiel in einer Magerwiese andere Arten als in einer Hecke oder im Wald.

Zur Gefährdung gewisser Arten haben unter anderem das Verschwinden von Lebensräumen und die intensive Landwirtschaft beigetragen. Bei plötzlichen Eingriffen in ihren Lebensraum, wie zum Beispiel dem Abholzen einer Hecke oder dem Wegräumen eines Steinmäuerchens, können Schnecken zu wenig rasch reagieren.

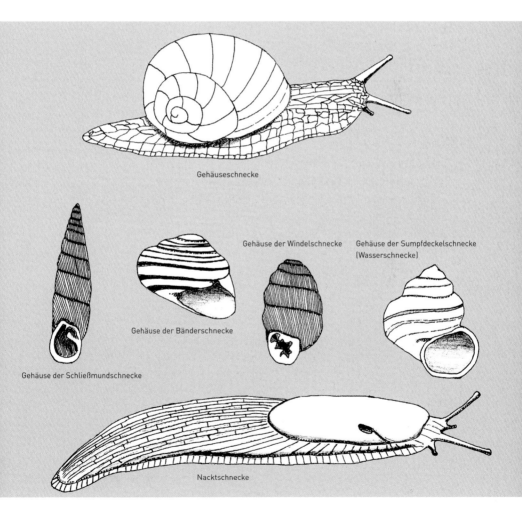

Gehäuseschnecke

Gehäuse der Windelschnecke   Gehäuse der Sumpfdeckelschnecke (Wasserschnecke)

Gehäuse der Bänderschnecke

Gehäuse der Schließmundschnecke

Nacktschnecke

Verschiedene Schneckentypen: Nacktschnecken (ohne Gehäuse) und Gehäuseschnecken

Wegen ihrer hohen Ansprüche können sie auch nicht ohne Weiteres in angrenzende Gebiete ausweichen. Wegen dieser Eigenschaften sind Schnecken aber auch gute Bioindikatoren: Je nach Artenzusammensetzung und Häufigkeit in einem Gebiet, können Fachleute mithilfe der vorkommenden Schneckenarten dessen Zustand erkennen und Rückschlüsse auf vergangene Eingriffe ziehen.

Sommer- und Winterruhe

Im Sommer, wenn es sehr trocken ist, suchen Schnecken Orte auf, wo sie besser vor Trockenheit geschützt sind, und schalten Ruhepausen ein, die sie aber immer wieder unterbrechen. Im Gegensatz zur Sommerruhe unterbrechen sie ihre Winterruhe nicht. Nacktschnecken ziehen sich dazu in frostsichere Erdtiefen zurück. Gehäuseschnecken suchen hingegen geschützte Stellen unter Laub und Moos oder graben sich ein. Ihre Gehäuseöffnung verschließen sie mit einem undurchsichtigen Schleimhäutchen (Epiphragma). Die Weinbergschnecke bildet gar einen Deckel aus Kalk und kann damit auch sehr kalte Temperaturen überleben. Diese Deckel sind so stabil, dass sie noch nach Monaten im Überwinterungs-Schlupfwinkel herumliegen. Einige kleinere Schnecken sind so kälteresistent, dass ihnen zum Überwintern eine dünne Laubschicht reicht und sie an milden Wintertagen bereits wieder aktiv werden.

170← *Winter: «Überlebensstrategien im Winter»*

Fortpflanzung

Bei einigen Schnecken erfolgt die Paarung gleich nach dem Verlassen des Schlupfwinkels nach der Winterruhe, andere Arten paaren sich hingegen erst im Verlauf des Sommers. Schnecken legen ihre Eier an feuchten, möglichst vor Feinden geschützten Orten ab. Je nach Schneckenart werden zwischen 5 und 300 Eiern abgelegt. Ihre Entwicklungsdauer hängt vor allem von den Außentemperaturen ab und beträgt zwischen 4 bis 6 Wochen. Gehäuseschnecken schlüpfen schon mit Häuschen, wobei diese jedoch noch viel weniger Windungen aufweisen als jene der adulten Tiere.

Gehäuse

Die Gehäuse der Landschnecken sind fast alle rechtsgewunden. Die Gehäusewindungen verlaufen von der Spitze im Uhrzeigersinn nach außen, und die Öffnung des Gehäuses befindet sich rechts unten. Sehr selten findet man Gehäuse, die linksgewunden sind. In einem solchen Fall haben Sie einen sogenannten Schneckenkönig gefunden!

Schnecken, die bei feuchtem Wetter Bäumen oder Felsen entlangkriechen, lassen sich häufig bei Trockenheit hinunterfallen. Dabei verletzen sie manchmal ihr Gehäuse. Doch solange dabei keine lebenswichtigen Organe verletzt werden, kann eine Schnecke ihr Gehäuse wieder reparieren. Dazu bildet sie neue Kalkschichten aus, welche die fehlenden Teile ergänzen oder Löcher füllen. Geflickte Stellen erkennt man später gut daran, dass sie ganz anders aussehen als die übrige Oberflächenstruktur des Gehäuses.

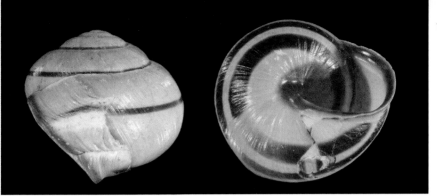

Drei Schneckenarten, die weit verbreitet und einfach zu erkennen sind ⓘ

Große Egelschnecke *(Limax maximus)*

Merkmale: Körper 10–20 cm lang, grau mit schwarzen Flecken.

Vorkommen: Vom Unterland bis auf etwa 1900 m ü.M. in Wäldern, Hecken, Parks, Gärten, Kellern usw. Oft auch unter großen Steinen und Totholz zu finden.

Besonderes: Neben Wurzeln, Pilzen, Flechten und Blüten frisst die Große Egelschnecke auch andere Nacktschnecken, die sie selber tötet. Die Große Egelschnecke klettert bei feuchtem Wetter auf Baumstämme. Sie überwintert in frostsicheren Unterschlüpfen und wird ungefähr 3 Jahre alt.

Oben: Repariertes Gehäuse
Unten: Große Egelschnecke

Gefleckte Schnirkelschnecke *(Arianta arbustorum)*

Merkmale: Glänzendes, geflecktes Gehäuse, dunkler Körper.

Vorkommen: Vom Unterland bis auf etwa 2700 m ü.M. in Wäldern, Hecken, Gebüschen, Wiesen.

Besonderes: Die Gefleckte Schnirkelschnecke ernährt sich von frischen Pflanzen, seltener von Aas (z. B. überfahrenen Regenwürmern) und von Kot. Bei Trockenheit steigen die Jungtiere auf Pflanzen und heften sich an deren Blattunterseiten. Die Gefleckte Schnirkelschnecke verschließt ihr Gehäuse mit einem Kalkdeckel und überwintert eingegraben in der Erde. Sie wird maximal 14 Jahre alt. Bei Temperaturen über 20° C verringert sich der Schlüpferfolg der Eier sehr stark, sodass diese Art mit der klimatischen Erwärmung in gewissen Gebieten seltener wird oder vielleicht sogar ausstirbt. In tiefen Lagen ist die Gefleckte Schnirkelschnecke eine stattliche Schnecke mit zentimetergroßen Gehäusen. Mit zunehmender Höhe wird sie aber kleiner. Oberhalb von 2500 m ü.M. sind die größten Exemplare gerade noch 5 Millimeter groß.

Weinbergschnecke *(Helix pomatia)*
Merkmale: Großes, kugelförmiges, bräunliches Gehäuse, das bei älteren Tieren auch weißlich sein kann.
Vorkommen: Vom Unterland bis auf etwa 2100 m ü.M. in lichten Wäldern, Hecken, Kalkmagerrasen und Weinbergen.
Besonderes: Die Weinbergschnecke ernährt sich von frischen und abgestorbenen Pflanzen. Sie verschließt im Winter ihr Gehäuse mit einem Kalkdeckel, der die Schnecke vor Feinden und übermäßiger Verdunstung schützt. Trotzdem verliert sie während der Winterruhe bis zu 15% ihres Gewichts. Die Weinbergschnecke ist die größte europäische Landgehäuseschnecke, sie kann über 20 Jahre alt werden und gilt europaweit als potenziell gefährdet. Sie ist deshalb vielerorts geschützt.

Weinbergschnecke

Beobachtungstipps

› Versuchen Sie, die drei beschriebenen Schneckenarten zu finden.
› Beobachten Sie, wie eine Schnecke ihre Fühler benutzt.
› Beobachten Sie, wie für eine Schnecke die Zeit vergeht. Achten Sie darauf, wie sich die Schnecke fortbewegt und was sie frisst.

Fragen

› Warum sind Schnecken nützlich?
› Warum sind Nacktschnecken hauptsächlich nachtaktiv?

→196, 197
Antworten

Weinbergschnecke

Spinnen und Altweibersommer

Wespenspinne
und Krabben-
spinne

Der Altweibersommer – eine geschätzte Schönwetterphase im Herbst – zeigt ein ganz interessantes Phänomen: Unzählige lange dünne Fäden ziehen mit dem Wind über Felder und Wiesen. Was hat es damit auf sich?

Die Fäden werden von kleinen Spinnen produziert, die sich damit über weite Distanzen transportieren lassen. Sie strecken dazu ihren Hinterleib in die Luft und «schleudern» einen Seidenfaden aus den Spinndrüsen. Auch in nur schwach bewegter Luft kann der Schwung die Spinne mehrere Meter weit mitziehen. Wenn der Faden vom Wind erfasst wird, so kann er die Spinne über weite Distanzen transportieren. Auf diese Weise können Spinnen auch weit entfernte neue Lebensräume besiedeln.

137←
Kurzinfo Sommer:
«Wespenspinne»

Bei den meisten Spinnenarten sind nur die kleinen Jungspinnen zu dieser Ausbreitungsmethode fähig. Sie können dadurch der oft zu beobachtenden großen Populationsdichte nach dem Schlüpfen entfliehen und der Gefahr des Kannibalismus entgehen.

Spinnennetze sind erst im Morgentau
gut zu erkennen.

Beobachtungstipps

Suchen Sie ein Spinnennetz, das von vielen Jungspinnen bewohnt wird. Blasen Sie vorsichtig ins Netz. Sie werden feststellen können, dass sich die Jungspinnen augenblicklich fallen lassen. Wieso tun sie das? Der Grund ist, dass sie sich auf diese Weise vor potenziellen Jägern, die ihrem Netz zu nahe kommen, in Sicherheit zu bringen versuchen.

In diesem Netz befinden sich viele noch sehr
kleine Jungspinnen.

Kurzinformationen Herbst

← Schwalben

35← Einleitung: «Lebensraum Hecke»

70← Sommer: «Bunte Wiesen- besucher»

Langstreckenzieherin schätzt Hecken

Bevor die Mehlschwalben ab Mitte September wieder in ihr Überwinterungsgebiet nach Afrika ziehen, jagen sie noch besonders eifrig nach Fluginsekten. Oft kann man sie dabei im Windschatten von Hecken entdecken, da es dort auch bei nasskalten Witterungsbedingungen noch Insekten gibt. Bei längeren Schlechtwetterphasen ist es für sie entscheidend, in einer vielfältigen Landschaft mit artenreichen Wiesen zu leben, die ein ausreichendes Insekten-Futterangebot aufweist. Mehlschwalben brüten 2 bis 3 Mal pro Jahr. Dabei fängt ein Mehlschwalbenpaar für seine durchschnittlich vier Jungen ungefähr 150 000 Insekten. Zuden Beutetieren gehören vor allem Fliegen, Mücken und Käfer, in geringerem Ausmaß aber auch Schmetterlinge.

Mehlschwalbe

Unbekannter Winzling

Die Punktschnecke *(Punctum pygmaeum)* ist weit verbreitet und kommt von tiefen Lagen bis auf 2500 m ü.M. vor. Bei der Wahl ihres Lebensraums ist sie nicht heikel. Trotzdem wird sie kaum je beobachtet, sondern verbringt ihr 200 Tage langes Leben weitgehend unbemerkt. Angesichts ihrer «Größe» ist dies aber nicht überraschend: Frisch geschlüpfte Punktschnecken würden noch durch ein Teesieb fallen und auch ausgewachsene Tiere sind nur maximal 1,5 Millimeter groß. Dies entspricht ungefähr der Größe von drei i-Punkten nebeneinander in einem Titel in diesem Buch. Das Gehäuse dieser kleinsten Schnecke von Europa ist durchscheinend, honigfarben und 3,5-fach gewunden. Wer einmal Punktschnecken sehen möchte, sucht sie am besten mithilfe einer Lupe in feuchten, abgemähten Wiesen im Herbst oder in Laubwäldern unter Laub, Steinen oder vermoderndem Holz. Eine Punktschnecke ist selten allein. Auf einem Quadratmeter können bis zu 170 Tiere leben. Auch die Welt der Punktschnecken ist klein: Unter Laborbedingungen legten sie innerhalb von 12 Stunden gerade mal 47 mm zurück.

→152
Herbst:
«Schnecken»

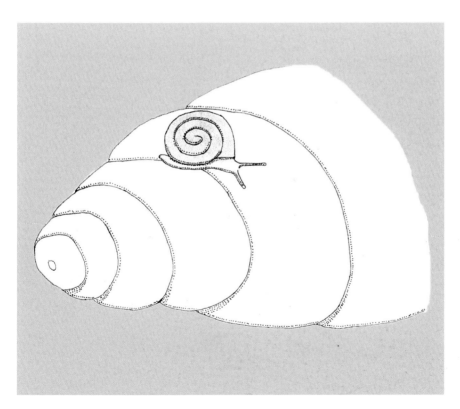

Punktschnecke auf einer Berg-Vielfraßschnecke.
Diese hat eine Gehäusehöhe von 14–17 mm und einen
Durchmesser von 6–7 mm. Die Punktschnecke ist im
Vergleich dazu winzig klein.

Herbstliche Wiesennebel

Am Morgen nach einer kalten Herbstnacht schweben manchmal dünne Nebelschwaden über den Wiesen. Sie sind nur wenige Meter hoch und lösen sich im Verlaufe des Morgens wieder auf. Sie entstehen, weil das dichte Wurzelwerk der Wiesenpflanzen verhindert, dass in der Nacht Wärme aus dem Boden an die Erdoberfläche gelangen kann. Die Wiesen sind deshalb verhältnismäßig kalt und kühlen dadurch auch die bodennahe Luft ab. Diese wird in der Folge schwerer und dichter als die höher liegende, wärmere Luft und sammelt sich daher nahe am Boden. Sobald sie eine bestimmte Temperatur unterschritten hat (den sogenannten «Taupunkt»), kondensiert der in ihr enthaltene Wasserdampf zu kleinsten Nebeltröpfchen.

Damit es allerdings zu solchen Strahlungsnebeln kommen kann, müssen noch einige andere Bedingungen erfüllt sein. Insbesondere muss die Nacht fast windstill sein, damit die Luft die kalte Bodenoberfläche lange genug berühren kann und dabei nicht mit der höher liegenden wärmeren Luft durchmischt wird.

Wiesennebel

Zeitlose Blüten

Nach der letzten Mahd Ende August gibt es kaum noch Blüten in einer Wiese. Umso auffälliger sind deshalb die rosaroten Blüten der Herbstzeitlose *(Colchicum autumnale)*, die ab September noch bis in den November gefunden werden können. Die Blüte der Herbstzeitlose ist die größte Einzelblüte aller einheimischen Pflanzen. Sie ragt ca. 10 cm über den Boden, findet aber mit der weißen Blütenröhre eine 20 cm lange unterirdische Fortsetzung. Wenn Insekten die Herbstzeitlosenblüte bestäubt haben, so wachsen ihre Pollenschläuche diese ganze Strecke hinunter zu den Blütenanlagen, die bei der Pflanzenknolle liegen. Falls es zur Befruchtung kommt, so legt die Pflanze aber zunächst einmal eine mehrmonatige Ruhezeit ein, da sie erst im Frühling, wenn der winterharte Boden wieder taut, ihre Entwicklung fortsetzen kann. Dann wachsen lange glänzende Blätter an die Erdoberfläche, die eine große, grüne Kapselfrucht umschließen. Die darin enthaltenen Samen besitzen ein klebriges Anhängsel (Elaiosom), welches gerne von Ameisen gefressen wird. Das ist durchaus so vorgesehen: Die Ameisen tragen dank ihrem Appetit zur Verschleppung und Ausbreitung der Herbstzeitlosensamen bei.

Herbstzeitlose

Die Herbstzeitlose gehört zur Familie der Liliengewächse *(Liliaceae)* und ist verwandt mit Tulpe und Bärlauch. Diese beiden blühen im Gegensatz zur Herbstzeitlose aber schon im Frühling – oder sollte es vielleicht eher «erst» heißen? Die Herbstzeitlose scheint zwar am Ende der Blühsaison zu sein, doch hat sie ihre Blütezeit eigentlich vorverlegt. Dies ist dank ihren in der Wurzelknolle gespeicherten Reservestoffen möglich: Im Gegensatz zu Tulpe und Bärlauch braucht die Herbstzeitlose nicht erst Blätter auszubilden und mit ihnen durch Stoffaufbau (Photosynthese) Energie für die Blüte zu produzieren.

Alle Teile der Herbstzeitlose sind stark giftig und werden vom Vieh gemieden. Oft wachsen sie gleich in großen Beständen in den Wiesen. Bei den Bauern sind sie deshalb nicht unbedingt beliebt.

Bunte Hecken

Im Oktober beginnen sich die Blätter der Bäume und Büsche prächtig zu verfärben. Die Hecken sind nun bunt gefärbt und wunderschön. Die ganze Farbenpracht entsteht aber nicht durch die Bildung von Farbe in den Blättern, sondern durch den Rückzug aller wichtigen Nährstoffe in den Stamm und die Wurzeln der Pflanzen. Dabei wird auch das zur Photosynthese benötigte Blattgrün (Chlorophyll) abgebaut. Mit dem Abbau des Blattgrüns werden nun die eigentlich schon vorher vorhandenen Farbstoffe der Blätter sichtbar. Carotinoide sind für die gelben, orangen und rotbraunen Farbtöne verantwortlich. Die Rotfärbung beruht hingegen auf Anthocyanen. Dies sind in die Blattzellen eingelagerte Stoffe, die auch dem Schutz vor ultravioletter Strahlung dienen.

Herbstzeitlose

Beobachtungstipp

Beobachten Sie Schwalben beim Insektenjagen. Versuchen Sie eine Schwalbe während drei Minuten im Auge zu behalten.

Fragen

› Warum ziehen Mehlschwalben zum Überwintern nach Afrika?
› Welche Vorteile gibt es, wenn die Knollen so tief in der Erde sind wie bei der Herbstzeitlose?

→197
Antworten

Verfärbtes Herbstlaub

Winter

5

3

2

4

1

Einleitung

Die Sonne steht tief am Himmel und vermag oft selbst zur Mittagszeit weder Luft noch Boden zu erwärmen. Die Tage sind kurz geworden, die Dunkelheit lang. In den Wiesen und Hecken ist es ruhig. Die Pflanzen haben ihr Wachstum eingestellt oder warten verborgen im Boden auf den nächsten Frühling. Kleinere Tiere haben sich versteckt oder verbringen die Winterzeit im Ei-, Larven- oder Puppenstadium. Andere hingegen bleiben auch im Winter aktiv und brauchen daher besondere Strategien um diese unwirtliche Jahreszeit zu überleben. Einige Tierarten (z. B. Distelfink, Feldhase und Reh) müssen ihre Nahrung täglich suchen. Andere hingegen legen Wintervorräte an, die nach Bedarf gesucht und gefressen werden können.

Die Samen der Karden sind eine beliebte
Winternahrung der Distelfinken.

Überlebensstrategien im Winter

Körperliche Anpassungen

Tiere, die bei uns den Winter verbringen, benötigen spezielle körperliche Anpassungen. Dies gilt ganz besonders für die winteraktiven Tiere: Sie müssen ständig dafür sorgen, dass ihre Körpertemperatur nicht zu stark absinkt. Da ihre Umgebung wesentlich kälter ist als sie selbst, ist dazu ein großer Energieaufwand nötig. Weil zudem Nahrung im Winter oft spärlich oder in mangelhafter Qualität vorhanden ist, setzen winteraktive Tiere alles daran, möglichst effizient mit ihrer Energie zu haushalten. Zahlreiche Tiere haben deshalb im Winter ein anderes Fell als im Sommer. Dieses hat in der Regel dichter stehende und auch längere Haare. Weil sich diese zudem richten lassen, kann eine isolierende Luftschicht am Körper des Tieres gebildet werden. Unter der Haut verfügen die meisten Tiere zudem über eine Fettschicht, die sie sich im Laufe des Sommers und Herbsts angefressen haben. Sie dient nicht nur als Energiereserve, sondern auch als zusätzliche Isolation gegen die unwirtlichen Umgebungstemperaturen.

 ←
Hermelin

Hermelin

Wegziehen

Eine häufige Überwinterungsstrategie ist auch der Zug in den Süden. Aus nahelie-
genden Gründen wird sie von jenen Tierarten praktiziert, die in der Lage sind, weite
Distanzen zurückzulegen. Natürlich denkt man dabei vor allem an die Zugvögel. Es
gibt aber auch einige Schmetterlingsarten, die in den Süden ziehen. Da Schmetterlinge aber ein kurzes Leben haben, wird der Zugzyklus nicht von einem einzigen
Individuum vollzogen. Vielmehr ist es so, das jene Generation Schmetterlinge, die
im Herbst in den Süden zieht, die Nachfolgegeneration jener Schmetterlinge ist, die
im Frühling in den Norden gezogen ist. Im Gegensatz zum Vogelzug ist der Schmet-
terlingszug in Europa noch weitgehend unerforscht

→ **70**
Sommer:
Bunte Wiesen-
besucher

Winterruhe und Winterschlaf

Einige Tiere verfallen in der kalten Jahreszeit auch in die Winterruhe oder den Winterschlaf. Während Tiere im Winterschlaf den ganzen Winter verschlafen, werden
Tiere in der Winterruhe periodisch aktiv, um zu fressen oder zu urinieren. In milden
Wintern kann es auch vorkommen, dass die Winterruhe verkürzt oder gar nicht
angetreten wird. Dies ist z. B. bei Eichhörnchen und Dachs der Fall. Sowohl in der
Winterruhe als auch im Winterschlaf senken die Tiere ihre Körpertemperatur stark
ab. Was Letzteren von Ersterer unterscheidet, ist der Grad dieser Absenkung. Beim

→
Eichhörnchen

Distelfalter gehören zu den Wanderfaltern.

Winterschlaf wird aber auch die Atmung massiv verlangsamt. Zudem ernähren sich die Tiere primär von ihren eigenen Fettreserven. Tiere, die einen Winterschlaf halten, besitzen auch größere Mengen an braunem Fettgewebe. Dieses kann beim Abbau sehr viel Wärme produzieren. Dadurch werden die Tiere in den Aufwachphasen schneller erwärmt. Die Winterschläfer erwachen aber auch, wenn die Außentemperatur unter einen kritischen Wert sinkt. Sie können dann einen besser geschützten Platz suchen oder die kritische Zeit wach verbringen. Sie verhindern damit, dass sie im Winterschlaf erfrieren. Vertreter dieser Strategie sind zum Beispiel Igel und Siebenschläfer.

Oben: Eichhörnchen
Unten: Igel

Winterstarre

Wechselwarme Tiere wie z. B. Amphibien und Reptilien verbringen die Winterzeit in einer Art Kältestarre. Der Begriff «Starre» ist aber eigentlich nicht korrekt, da Amphibien und Reptilien sich auch bei Temperaturen wenig über dem Gefrierpunkt noch bewegen können, wenn auch nur sehr langsam. Auch in der Winterstarre wird der Stoffwechsel auf ein absolutes Minimum reduziert. Tiere, die in diese Starre fallen, müssen sich daher im Herbst rechtzeitig ein frostsicheres Versteck suchen. Kühlt die Temperatur im Versteck unter den Gefrierpunkt ab, so sterben die Tiere. Dies gilt auch für viele Schnecken und Insekten, die so den Winter in einem Versteck verbringen.

→152
Herbst:
«Schnecken»

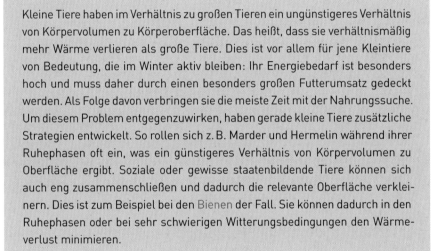

Groß sein ist vorteilhaft

Kleine Tiere haben im Verhältnis zu großen Tieren ein ungünstigeres Verhältnis von Körpervolumen zu Körperoberfläche. Das heißt, dass sie verhältnismäßig mehr Wärme verlieren als große Tiere. Dies ist vor allem für jene Kleintiere von Bedeutung, die im Winter aktiv bleiben: Ihr Energiebedarf ist besonders hoch und muss daher durch einen besonders großen Futterumsatz gedeckt werden. Als Folge davon verbringen sie die meiste Zeit mit der Nahrungssuche. Um diesem Problem entgegenzuwirken, haben gerade kleine Tiere zusätzliche Strategien entwickelt. So rollen sich z. B. Marder und Hermelin während ihrer Ruhephasen oft ein, was ein günstigeres Verhältnis von Körpervolumen zu Oberfläche ergibt. Soziale oder gewisse staatenbildende Tiere können sich auch eng zusammenschließen und dadurch die relevante Oberfläche verkleinern. Dies ist zum Beispiel bei den Bienen der Fall. Sie können dadurch in den Ruhephasen oder bei sehr schwierigen Witterungsbedingungen den Wärmeverlust minimieren.

Beobachtungstipps

> Versuchen Sie sich einmal in die Situation eines winteraktiven Tieres zu versetzen: Wo würden Sie an seiner Stelle Nahrung suchen? Und wo einen geeigneten Unterschlupf? Entspricht die Kulturlandschaft in Ihrer Umgebung den Bedürfnissen dieses Tieres? Welche Änderungen müssten in der Bewirtschaftung dieser Wiesen und Weiden vorgenommen werden, um ihm ein leichteres Überwintern zu ermöglichen?

> Achten Sie auf das Aussehen der Singvögel im Winter. Wahrscheinlich fällt Ihnen schnell auf, dass diese jetzt viel dicker zu sein scheinen. Haben sie sich denn einen Wintervorrat angefressen? Wohl kaum. Ihre Pölsterchen sind vielmehr das Resultat des aufgeplusterten Federkleides, welches ihnen eine bessere Isolation gegen die herrschende Kälte erlaubt.

Frage

> Wieso haben große Tiere in der Regel einen Vorteil bei tiefen Temperaturen?

197←
Antwort

Der Feldhase

Auf frisch verschneiten Wiesen und Feldern lassen sich die nächtlichen Bewegungen unserer winteraktiven Kulturlandbewohner gut verfolgen – sofern deren Spuren durch anhaltenden Schneefall oder starken Wind nicht sofort wieder verdeckt werden. Die charakteristischsten Fährten hinterlässt sicher der Feldhase. Obwohl Feldhasen auch in relativ intensiv genutzter Kulturlandschaft vorkommen, sind Beobachtungen dieses nachtaktiven Tieres eher selten. Am besten lassen sie sich Ende Winter und im Frühjahr während der Paarungszeit beobachten. Die sonst einzelgängerischen Hasen zeigen dann auf niedrig bewachsenen Feldern Luftsprünge, Boxkämpfe und wilde Verfolgungsjagden.

Feldhasenspur

Mit seinen sehr langen Ohren und großen Hinterbeinen ist der Feldhase eigentlich unverkennbar. Er ist ursprünglich ein typischer Bewohner der Steppe, hat sich aber gut an die Bedingungen unserer Kulturlandschaft angepasst. Mitunter kann er auch in Wäldern angetroffen werden. Die großen Ohren sind ein Zeichen für seinen ausgeprägten Gehörsinn. Dieser ist für das frühzeitige Erkennen potenzieller Feinde und Gefahren wichtig. Wie viele Bewohner der relativ deckungsarmen offenen Felder und Äcker verhält er sich bei einer Annäherung lange absolut ruhig und duckt sich in seiner Mulde, auch «Sasse» genannt. Wird dann aber die kritische Distanz unterschritten, so flieht er mit gewaltigen Sätzen und kann dabei recht hohe Geschwindigkeiten erreichen. Besonders effektiv ist aber auch seine Fähigkeit, bei voller Geschwindigkeit abrupte Richtungsänderung zu machen. Solches «Hakenschlagen» ist kaum einem Verfolger möglich, weshalb der Feldhase gute Chancen hat, ihn abzuhängen.

Feldhase

Wildkaninchen

Wildkaninchen können dieselben Lebensräume besiedeln wie der Feldhase. Trotz ihres ähnlichen Äußeren sind sie aber einfach voneinander zu unterscheiden: Auf der einen Seite sind Wildkaninchen wesentlich kleiner als Feldhasen und haben deutlich kürzere Ohren. Auf der anderen Seite leben sie – im Gegensatz zum Feldhasen – gesellig mit anderen Artgenossen in einem Bau zusammen. Sie sind auch deutlich weniger scheu als Feldhasen und lassen sich entsprechend einfacher beobachten.

Beobachtungstipps

Wenn es des Nachts geschneit hat, so lohnt es sich, auf die Suche nach Feldhasenspuren zu gehen. Diese sind leicht von allen anderen Tierspuren zu unterscheiden: Zwei größere Pfotenabdrücke liegen direkt nebeneinander und werden von zwei kleineren, die hintereinander liegen, begleitet. Sind die Abdrücke zwischen diesen Abdruckgruppen groß, so rannte der Hase mit beträchtlichem Tempo; liegen sie hingegen nahe beieinander, so war er offenbar nicht in Eile. Finden Sie auch eine Stelle, an der der Feldhase innegehalten hat? Sie erkennen eine solche daran, dass dort die beiden kleineren Pfotenabdrücke nebeneinanderliegen und die Abdrücke der Hinterpfoten besonders groß sind.

Linke Seite: Feldhase   Wildkaninchen

Wer hat hier gegraben?

Wenn im Winter kein Schnee liegt, so sieht man auf Wiesen und Weiden oft viele Erdhaufen liegen. Als Verursacher kommen zwei Arten in Frage, der Europäische Maulwurf und die Schermaus.

135← Kurzinfo Sommer: «Maulwurf» und «Schermaus»

Der Maulwurf

Der bei uns vorkommende Europäische Maulwurf ist relativ nahe verwandt mit den Spitzmäusen. Er gehört daher zu den Insektenfressern und nicht zu den Nagetieren. Er besiedelte ursprünglich Laubwaldgebiete, kommt heute aber überall dort vor, wo der Boden geeignet und tief genug ist, um Gänge zu graben. Er ist eine von mehreren sehr ähnlichen Maulwurfsarten in Europa. Mit seinem länglichen, kompakten und walzenförmigen Körper ist er besonders gut an eine unterirdische und grabende Lebensweise angepasst. Charakteristisch sind die seitlich abstehenden Vorderbeine mit den kräftigen, schaufelartigen Händen, die – analog den Grabbeinen der Maulwurfsgrille – mit langen Krallen ausgerüstet sind. Die Augen des Maulwurfs sind winzig und seine Ohren im samtigen schwarzen Fell kaum zu erkennen, da sie keine Muscheln aufweisen. Obwohl Maulwürfe ganzjährig tag- und nachtaktiv sind, sind sie selten außerhalb ihres Gangsystems anzutreffen. Die Haufen sind daher die deutlichsten Anzeichen ihrer Anwesenheit. Im Gegensatz zur Schermaus und anderen Wühlmäusen ernährt sich der Maulwurf vor allem von Regenwürmern und anderen

Maulwurf

bodenbewohnenden Wirbellosen (Nacktschnecken, Insekten etc.). Die bis zu einem Meter tiefen und oft sehr langen Gänge dienen ihm auch als Nahrungsfalle.

Im Winter bei tiefen Temperaturen verlagert er seine Aktivität in tiefere Boden-schichten, wo der Boden nicht gefroren ist und nun auch seine Beutetiere zu finden sind. Die Regenwürmer werden manchmal auch gefangen, bewegungsunfähig gemacht und in speziellen Vorratskammern eingelagert. So hat der Maulwurf auch in Zeiten von Nahrungsknappheit etwas zu fressen.

Analogie und Homologie?

Unter *Analogien* versteht man Organe oder Körperteile verschiedener Arten, die dieselbe Funktion ausüben. Sie sind evolutionär durch ähnliche Umwelt-bedingungen entstanden und können teilweise sehr ähnlich aussehen. Ein typisches Beispiel dafür sind die Flügel von Fledermäusen und Vögeln oder die oben erwähnten Grabschaufeln von Maulwurf und Maulwurfsgrille. *Homo-loge* Organe oder Körperteile hingegen haben einen gemeinsamen Bauplan. Aufgrund unterschiedlicher Umweltbedingungen können sie aber unter-schiedliche Funktionen erfüllen und daher ganz verschieden aussehen. Als Beispiel für homologe Körperteile können die vorderen Extremitäten eines Wals und diejenigen des Feldhasen gelten.

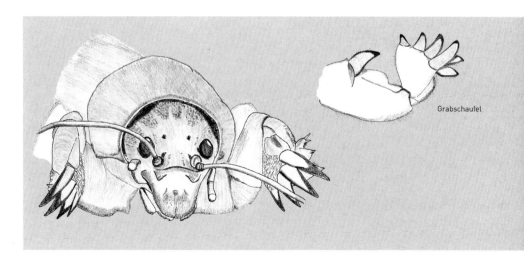

Grabschaufel

Maulwurfsgrille

Die Schermaus

Schermaus

Schermäuse legen ebenfalls weite unterirdische Gänge an. Im Gegensatz zum Maulwurf höhlen sie diese aber nicht mit Grabschaufeln, sondern mit ihren Schneidezähnen aus. Weil die Zähne dadurch stark beansprucht werden, wachsen sie den Schermäusen das ganze Leben lang nach. Während der Malwurf, wie oben erwähnt, nahe mit den Spitzmäusen verwandt ist, zählt die Schermaus zu den Wühlmäusen, die eine eigene Familie innerhalb der Nagetiere darstellen.

Schermäuse haben bis zu vier Würfe pro Jahr mit je 4–5 Jungen. Etwa alle sechs Jahre treten die Schermäuse massenhaft auf. In solchen Jahren können ihre Feinde dank des reichen Futterangebots mehr Junge aufziehen. Zu den Hauptfeinden gehört das Hermelin, welches sie auch in ihren Gängen verfolgt.

Die Schermäuse ernähren sich von Pflanzen und nagen auch gerne an den Wurzeln von Obstbäumen. Weil sie diese schädigen oder gar zum Absterben bringen können, gelten sie in der Landwirtschaft als Schädlinge und werden entsprechend gejagt. Leider fallen der Schermausbekämpfung immer wieder auch Maulwürfe zum Opfer.

Schermäuse sind auch im Winter aktiv. Sie haben einen 24h-Aktivitätsrhythmus, der sich in 6 Phasen gliedert. Die Aktivitätszeit ist im Winter allerdings deutlich reduziert und beträgt nur etwa 6 Stunden. Sie graben Kammern, in denen sie ihre Vorräte an Wurzeln einlagern. Schermäuse bewegen oder graben sich ihre Wege oft

Schermaus

zwischen der Schneedecke und dem Boden, da der Schnee gut gegen die Winterkälte isoliert und zudem Sichtschutz vor Fressfeinden in der Luft bietet. Nach der Schneeschmelze kann man diese Spuren oft noch einige Zeit lang am Boden erkennen.

Beobachtungstipps

> Suchen Sie die Spuren der Schermäuse auf den Wiesen. Vielleicht entdecken Sie auch Spuren eines Fuchses, der die Mäuse unter der dünnen Schneeschicht wahrgenommen und gefangen hat.
> Nach einer Schneeschmelze können Sie sich auf die Suche nach den Spuren ihrer Gänge machen. Finden Sie auch Schermaus-Spuren auf Ackerflächen?

Frage

> Deutet die große Ähnlichkeit der Grabbeine von Maulwurf und Maulwurfsgrille auf eine nähere Verwandtschaft hin?

Toter Maulwurf

→197
Antwort

Tierspuren

Tiere hinterlassen zu allen Jahreszeiten Spuren in ihrer Umgebung. Viele davon sind für uns jedoch nur schwer zu entdecken oder gar nicht wahrnehmbar. Andere hingegen können auch ohne besondere Vorkenntnisse einer Tierart zugeordnet werden. Grob gesprochen, kann man die Tierspuren in zwei Kategorien ordnen:

1 Spuren, die vom Tier absichtlich hinterlassen wurden.
2 Spuren, die durch alltägliche Aktivitäten entstanden sind und keine Signalwirkung haben.

Absichtlich hinterlassene Spuren sind meistens Signale an Artgenossen. Viele Arten bringen Duftmarkierungen an, um ihre Anwesenheit oder ihr Revier zu markieren. Duftsignale sind im Tierreich auch wichtige Faktoren bei der Partnersuche und bei der Erkennung von Mitgliedern sozialer Verbände. So erkennen sich die zahlreichen
70, 106 ← Individuen in einem Ameisen- oder Bienenvolk beispielsweise dank ihrem charak-
Sommer:
«Bunte Wiesen-
besucher» und
«Warnen, Tarnen
und Täuschen» teristischen Duft. Nur wer so riecht, kann gefahrlos in das Nest gelangen. Erkennungsdüfte können aber von Spezialisten auch missbraucht werden.

Wenn wir von Tierspuren sprechen, so denken wir meistens an die Abdrücke und Fährten von Tieren. Diese gehören natürlich zur Kategorie der alltäglichen und zufälligen Spuren, die keine spezielle Signalwirkung haben.

175←
Winter:
«Der Feldhase» Die meisten größeren Säugetierarten (Hase, Reh, Fuchs, Wildschwein etc.) hinterlassen charakteristische Spuren, die man relativ zuverlässig bestimmen kann. Bei kleineren Arten (Marderartigen, Mäusen etc.) ist die artgenaue Bestimmung hingegen schwierig, oder gar nicht möglich (z. B. bei vielen Vögeln).

Tiere hinterlassen aber nicht nur Fährten, sondern auch verschiedene andere Zeichen ihrer Anwesenheit:

Gewölle

Schleiereule Besonders Eulen, aber auch Vertreter anderer Vogelgruppen, würgen unverdauliche Nahrungsreste aus. Bei den Eulen sind diese Gewölle vorwiegend aus Knochen, Haaren und teilweise Federn zusammengesetzt. Bei anderen Vogelgruppen können sie aber auch aus den Chitinpanzern der verzehrten Insekten oder aus Teilen von Schneckengehäusen bestehen.

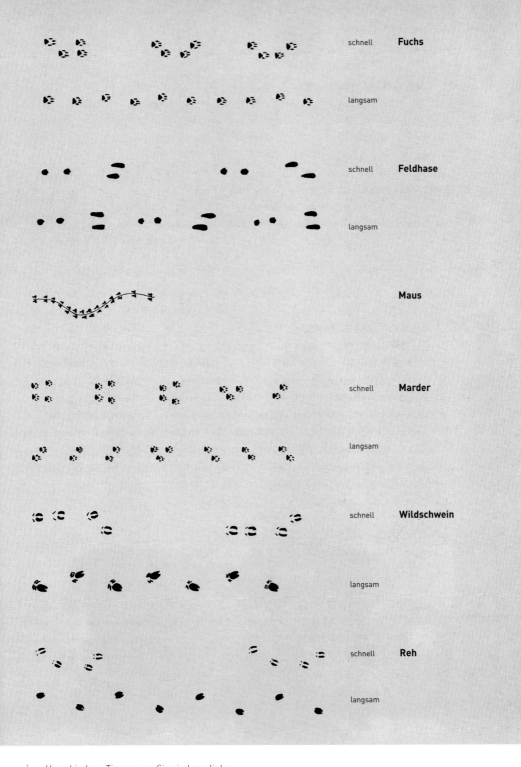

schnell **Fuchs**

langsam

schnell **Feldhase**

langsam

Maus

schnell **Marder**

langsam

schnell **Wildschwein**

langsam

schnell **Reh**

langsam

Verschiedene Tierspuren. Sie sind von links
nach rechts zu lesen.

Federn, Knochen, Haare

Findet man Stellen mit vielen Federn oder Haaren, so bedeutet dies, dass dort ein Tier sein Leben lassen musste. Findet man hingegen lediglich einzelne Federn, so ist dies eher ein Zeichen dafür, dass der Vogel in der Mauser ist und sein Federkleid wechselt.

Fraßspuren

In Hecken und Brachen finden Vögel und Säugetiere auch im härtesten Winter noch Nahrung. Die verbleibenden Früchte und Samenstände weisen dann oft Fraßspuren auf, die verraten, dass sich hier ein Tier mit Nahrung versorgte.

Beobachtungstipps

> Achten Sie auf Ihrem nächsten Winterspaziergang auf die verschiedenen Tierspuren. Achten Sie dabei auch auf die weniger augenfälligen Spuren (Gewölle, Fraßspuren etc.)
> Untersuchen Sie einmal eine gefunden Feder etwas genauer. Von welcher Stelle am Vogel könnte sie stammen? Ist es eine Schwungfeder des Flügels, eine Schwanzfeder, eine Deckfeder oder eine Daunenfeder? Warum sind Federn so stabil? Ziehen Sie einmal eine Feder auseinander und schauen Sie sich diese mit einer Lupe an.

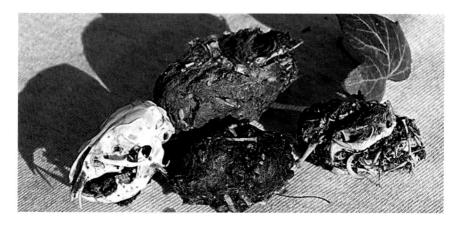

Gewölle

Kurzinformationen Winter

Warum Schneeflocken zuerst nicht überall liegen bleiben

Wenn endlich der erste Schnee fällt, so bleibt er zunächst nicht überall liegen. Während Wiesen schon nach kurzer Zeit weiß überzogen sind, bleiben Äcker und asphaltierte Straßen noch eine ganze Weile schneefrei. Grund dafür ist die unterschiedliche Wärmeleitfähigkeit des Bodens: Unbepflanzte Äcker und Straßen sind noch warm von vergangenen Tagen, sodass die Schneeflocken darauf gleich wieder schmelzen. Zwar speichert auch der Wiesenboden die Wärme vergangener Tage, doch wird diese durch das dichte Wurzelwerk der Pflanzen und den viele Lufteinschlüssen zwischen den Gräsern und Halmen von der Oberfläche ferngehalten. Wiesen kühlen deshalb oberflächlich schneller aus als Äcker, weshalb der Schnee hier schon nach kurzer Zeit liegen bleiben kann.

Einladende Hecken

Während intensiv bewirtschaftete Wiesen für Wildtiere und Vögel kaum mehr Nahrung bieten, sind Buntbrachen, extensiv genutzte Wiesen und ganz besonders die Hecken auch im Winter attraktiv. Vogelbeeren, Schwarzdorn, Wildrosen, Weißdorn und viele andere einheimische Sträucher tragen ihre Früchte bis weit in den Winter hinein. Viele davon sind sogar erst nach dem ersten Frost genießbar, wenn sie dadurch süßer und weniger herb werden (z. B. beim Schwarzdorn). In winterlichen Hecken sind Tierspuren besonders einfach zu beobachten: Fraßspuren an Früchten, Stämmen, Ästen, Zweigen und Knospen wechseln sich ab mit Kotresten, Fellbüschel und Federn. Zuweilen sind auch noch Vogelnester der vergangenen Brutsaison zwischen den blattlosen Sträuchern und Bäumen zu erkennen.

→35
Einleitung:
«Lebensraum
Hecke»

Amphibien und Reptilien schalten ab

Im Schutz der Hecken überwintern in Erdlöchern oder unter dichten Laubschichten zahlreiche Tiere. Darunter finden sich auch Frösche, Kröten und Eidechsen. Wie alle Amphibien oder Reptilien sind sie wechselwarm. Dies bedeutet, dass ihre Körpertemperatur von der Umgebungstemperatur bestimmt wird und sie diese nicht selber steuern können. Sie ziehen sich im Winter daher an frostsichere, vor Feinden geschützte Orte zurück, wo sie in ihre Winterstarre verfallen. Ihre Lebensfunktionen (Herzschlag und Stoffwechsel) werden dabei stark eingeschränkt, während Alkohol-, Eiweiß- oder Zuckerverbindungen als körpereigene Frostschutzmittel fungieren, die ihr Überleben auch bei Temperaturen um den Gefrierpunkt sicherstellen.

Bienentraube

Im Gegensatz zu den meisten anderen staatenbildenden Insekten überwintern bei den Honigbienen nicht nur die Königinnen. Bereits zum Herbstbeginn schlüpfen die Jungbienen, die zusammen mit der Königin den nächsten Winter verbringen. Da sie mit Pollen gut gefüttert werden und zudem von der Sammeltätigkeit dispensiert sind, können sie sich bis zum Einbruch des Winters einen ordentlichen Energievorrat anlegen. Für das Überleben des Bienenvolkes ist dies wichtig, weil die Generation der Jungbienen im kommenden Frühjahr bei der Wiederaufnahme des Brutge-

93←
Sommer:
«Wildbienen»

schäfts die Rolle der Arbeiterinnen und Wächter übernehmen wird. Die Bienen ziehen sich daher bei einsetzender Kälte in ihrem Nest zu einer dichten Traube zusammen. Sie zehren nun von ihrem gesammelten Energievorrat und können dadurch unter ständigen Muskelbewegungen Wärme erzeugen. Bei tiefen Temperaturen kühlen die äußeren Bienen schnell ab. Um ein Absterben zu verhindern, wandern sie rechtzeitig in das Innere der Bienentraube, wo sie von ihren Artgenossen wieder aufgewärmt werden. Die nachrückenden äußersten Bienen halten es ebenso: Sie bleiben so lange an der Oberfläche der Traube, bis auch sie auszukühlen drohen, um dann ins Innere zu wandern, sich aufwärmen zu lassen, und die nächsten Bienen als Schutz gegen außen nachkommen zu lassen.

Die Erdkröte überwintert in Erdlöchern oder unter einer Laubschicht.

Rechte Seite: Zitronenfalter

Auf Rosen gebettet

An den wilden Rosen in Hecken und an Waldrändern kann man oft seltsame Gebilde
mit vielen haarartigen Auswüchsen entdecken. Während der Vegetationszeit sind
diese oft auffallend rot gefärbt, im Winter aber braun. Im Innern derselben befinden
sich mehrere Kammern, die von den Larven der Gemeinen Rosengallwespe bewohnt
werden. Diese Gallen entwickeln sich nach der Eiablage an der Wirtspflanze. Durch
chemische Stoffe wird dann das Wachstum der Wirtspflanze so beeinflusst, dass sie
einerseits Nährgewebe und andererseits Strukturen zum Schutz der Larven bildet.

→35
Einleitung:
«Lebensraum
Hecke»

Ein winterharter Methusalem

Der Zitronenfalter ist der einzige mitteleuropäische Falter, der auch mitten im Winter und völlig ungeschützt an Zweigen oder in der Vegetation angetroffen werden
kann. Mit seiner charakteristischen zugespitzten Flügelform und den orangen Flecken auf den Flügeln ist er unverkennbar. Wichtig zu wissen ist aber, dass nur die
Männchen zitronengelb gefärbt sind, die Weibchen hingegen sind blass grünlich-
weiß.

→
Zitronenfalter

Das ungeschützte Überwintern in der Kältestarre ist dem Zitronenfalter möglich, weil er spezielle Stoffe in seinen Körper einlagern kann. Diese Frostschutzsubstanzen verhindern ein Gefrieren seiner Körperflüssigkeiten bis deutlich unter −10 °C. An warmen Wintertagen kann er sogar kurzzeitig aktiv werden.

Bereits früh im Jahr sieht man die Zitronenfalter wieder auf der Suche nach Nektar. Nach der Paarung erfolgt im April die Eiablage an den Raupenfutterpflanzen. Damit schließt sich sein Lebenszyklus. Zwar können die überwinterten Falter teilweise noch das Schlüpfen der neuen Generation erleben, doch sterben sie meist kurz danach. Nichtsdestotrotz erreichen sie damit aber die längste Lebenserwartung der heimischen Schmetterlinge.

Vögel im Winter

Der Winter ist auch für Vögel eine schwierige Zeit. Oft kann man sie an kalten win-
182← digen Wintertagen sehen, wie sie sich aufplustern und möglichst windgeschützt in
Winter: «Tierspuren» einer Hecke sitzen. Das Aufplustern bewirkt eine bessere Isolation ihres Körpers. Diejenigen Arten, die nicht wegziehen, müssen jetzt teilweise ihre Nahrungsgewohnheiten anpassen. Wirbellose, Jungvögel oder Mäuse sind nicht oder nur noch schwer erreichbar. Dies bedeutet, dass sie sich vermehrt mit pflanzlicher Nahrung begnügen müssen. Viele Arten ziehen daher im Winter weg. Vermutlich ist es aber auf die tendenziell zunehmend milderen Winter zurückzuführen, dass mehr und mehr Vogelarten auf ihren Zug verzichten. So ist beispielsweise vom Rotmilan bekannt, dass er inzwischen vielerorts in Mitteleuropa überwintert.

Beobachtungstipp

> Versuchen Sie in den kahlen Hecken verlassene Vogelnester zu finden. Aus welchem Baumaterial sind sie gefertigt?

Artenvielfalt fördern

Auch Sie können etwas zum Erhalt von Hecken, Kleinstrukturen und artenreichen Wiesen in der Landschaft beitragen. Wenn Sie beispielsweise Produkte von Bauern kaufen, die ihr Land ökologisch und nachhaltig bewirtschaften, so unterstützen Sie damit die Artenvielfalt in seinen Wiesen, Weiden und Hecken. Ökologische Landwirtschaftsbetriebe verpflichten sich, Brachstreifen, Hecken oder andere Ausgleichsflächen auf ihrem Land zu belassen. Vom Staat werden sie dafür mit einer bestimmten Summe entschädigt. Diese weniger intensiv genutzten Flächen sind wichtig für Vögel, Reptilien und Insekten, welche darin Nahrung oder Schutz vor Feinden finden. Für viele Arten sind solche extensiv genutzten Flächen Zufluchtsorte, ohne die sie in intensiv bewirtschaftetem Kulturland nicht überleben könnten. Dies gilt zum Beispiel für die Zauneidechse, welche auf Lesesteinhaufen oder alte Mäuerchen angewiesen ist, oder für die Goldammer, die eine Hecke benötigt.

Wenn viel gedüngt wird und der Boden nährstoffreicher wird, so verschwinden mit der Zeit die typischen Pflanzenarten der Magerwiese. Mit dazu gehören auch viele Insekten. Die zunehmende Artenarmut ist nicht ungefährlich. Tritt irgendein Schädling auf, so sind nur noch wenige andere Lebewesen vorhanden, die ausgleichend wirken können. Artenreiche, vielfältig strukturierte Landschaften sind daher gegen Krankheiten und Schädlingsbefall resistenter. Eine hohe Biodiversität in unseren Wiesen, Weiden und Hecken ist daher letztes Endes auch in unserem eigenen Interesse. Wenn Kartoffeln, Äpfel oder Birnen ökologisch produziert werden, so hat dies einen Einfluss auf das Aussehen einer Landschaft und auf den Artenreichtum der darin vorkommenden Pflanzen und Tiere. Mit Ihren Einkaufsgewohnheiten können Sie das Landschaftsbild und die Biodiversität Ihrer Umgebung daher ein bisschen mitbestimmen.

Anhang

Fragen und Antworten

Einleitung

Was würde geschehen, wenn sich der Mensch völlig aus Europa zurückziehen würde?
Sobald die Nutzung und Bewirtschaftung der Landschaft aufgegeben wird, setzt an den meisten Stellen eine Verbuschung ein. Es würde vermutlich nur einige Jahrzehnte dauern, bis die Waldflächen wieder sehr stark zunehmen würden. Schlussendlich würde Mitteleuropa wohl wieder großmehrheitlich von Wäldern bewachsen sein.

Wieso haben Schmetterlingsblütler an Standorten mit wenig Nährstoffen im Boden Vorteile?
Sie können mithilfe der Knöllchenbakterien den Luftstickstoff aus den Hohlräumen im Boden gewinnen und der Pflanze zur Verfügung stellen.

Weshalb sind die Hecken im Siedlungsbereich ökologisch von geringem Wert?
Hecken im Siedlungsgebiet bestehen oft aus einer oder wenigen Straucharten. Zudem bestehen diese oft nicht aus einheimischen Gewächsen. Eine Hecke ist besonders wertvoll, wenn sie aus vielen Arten zusammengesetzt ist und einzelne Bäume und Kleinstrukturen (z. B. Asthaufen) aufweist. Wichtig ist auch, dass das angrenzende Grünland möglichst extensiv genutzt wird.

Sind Hecken natürliche Strukturen?
Nein, meistens nicht. Wenn Hecken nicht regelmäßig zurückgeschnitten werden, so dehnen sie sich langsam zu einem Feldgehölz aus und entwickeln sich später sogar zu Wald.

Wie viele verschiedene Pflanzenarten können auf intensiv genutzten Kunstwiesen gefunden werden?
Weniger als 25.

Wie viele Pflanzenarten sind es auf Magerwiesen?
Artenreiche Magerwiesen können ohne weiteres 40 oder mehr Arten beheimaten.

Welche Faktoren können das Vorkommen oder Fehlen einer Tierart in einem bestimmten Lebensraum bestimmen?
Klima, Lebensraumstruktur, Nahrung, Konkurrenz, Feinde oder Störungen.

Welche Möglichkeiten zur Konkurrenzvermeidung haben Tierarten, die denselben Lebensraum bewohnen?
Sie können sich spezialisieren: ressourcenabhängig (z. B. unterschiedliche Nahrungsquellen), räumlich (z. B. unterschiedliche Brutstandorte) oder zeitlich (z. B. unterschiedliche Aktivitätszeiten).

Frühling

Wieso bevorzugt die Feldlerche offene Landschaften?
Die Feldlerche meidet vermutlich höhere vertikale Strukturen, weil diese Verstecke und Ansitze für Feinde sein können.

Was frisst die Feldlerche?
Feldlerchen ernähren sich von kleinen wirbellosen Tieren (Insekten, Spinnen etc.) sowie Samen und Keimlingen. Im Winter überwiegt die pflanzliche Nahrung, im Sommer die tierische.

An welchen Pflanzen können Sie Schaumnester von Schaumzikaden finden?
Die Weibchen legen ihre Eier an ihre Futterpflanzen. Weil sie nicht auf wenige Arten fixiert sind, kann man deshalb auch die Schaumnester an verschiedenen Pflanzenarten finden.

Wo kleben die Schaumnester an der Pflanze?
Immer am Stängel oder am Halm, nie auf einem Blatt.

Wann kann man Zauneidechsen gut beobachten?
Am besten sind sie zu sehen, wenn sie sich aufwärmen wollen/müssen. Dies kann generell im Frühjahr oder Herbst sein, am Morgen früh oder kurz nach einer Schlechtwetterphase.

Was passiert, wenn eine Eidechse, die bereits einmal den Schwanz abwerfen musste, wieder am nachgewachsenen Schwanz gepackt wird?
Der nachgewachsene Schwanz besitzt anstelle der knöchernen Wirbelkörper nur noch Knorpel, die nicht abgetrennt werden können. Da die Eidechse aber mehrere Sollbruchstellen besitzt, kann sie ihn allenfalls weiter zum Körper hin nochmals abwerfen.

Wieso singen die ersten Feldgrillen, die man im Frühling vor ihren Erdlöchern sehen kann, noch nicht?

Bei diesen Tieren handelt es sich um die überwinterten Larven. Sie haben ihre Entwicklung noch nicht abgeschlossen. Aus diesem Grunde fehlen ihnen die zum Singen benötigten Flügel noch.

Woran ist der Rotmilan gut zu erkennen?

Am gegabelten Schwanz.

Warum sind bei nassem Wetter die Blütenköpfchen mit den Löwenzahn-Fallschirmchen geschlossen?

Weil bei geöffneten Blütenköpfchen die Samen sofort nass würden und entsprechend kaum fliegen könnten. Eine möglichst weite Verbreitung der Samen wäre dadurch ausgeschlossen.

Sommer

Bei welchen Wetterbedingungen fliegen die meisten Tagfalter?

Die besten Beobachtungsbedingungen herrschen bei warmen Temperaturen, Sonnenschein und möglichst wenig Wind.

Wieso haben die Schmetterlinge ihre Flügel manchmal zusammengefaltet und manchmal ausgebreitet?

Dieses Verhalten dient der Regulation der Körpertemperatur. Mit ausgebreiteten Flügeln richtet sich der Schmetterling gegen die Sonne aus und kann so Wärme tanken.

Wieso hat es in Wiesen mit vielen Blüten trotzdem oft nur wenige Schmetterlingsarten?

Die meisten Schmetterlingsarten brauchen im Raupenstadium ganz bestimmte Futterpflanzen. Fehlen diese, so fehlen meistens auch die Schmetterlinge, obwohl genügend Saugpflanzen für die Falter vorhanden wären. Eine zu frühe Mahd oder das Fehlen von Überwinterungsstrukturen sind auch wichtige limitierende Faktoren.

Machen Sie eine Liste mit verschiedenen Blütentypen und ihren Besuchern. Welches Insekt besucht welche Pflanze?

Die meisten Blüten werden von verschiedenen Insekten besucht und nicht nur von einer Art. Gewisse Insektenarten bevorzugen aber bestimmte Blütenformen.

Welche Pflanzen werden bevorzugt von Tagfaltern besucht?

Tagfalter besuchen unter anderen bevorzugt Wiesenbocksbast, Rote Lichtnelke, Vergissmeinnicht, Wiesenschaumkraut und Flockenblumen.

Wie viele Besucher hat eine von Ihnen ausgewählte Blüte während einer halben Stunde gekriegt?

Die Anzahl variiert je nach Tageszeit und Wetterverhältnissen.

Warum offeriert eine Blüte nicht so viel Nektar oder Pollen, dass ein Insekt gleich satt wird?

Weil ein Insekt dann nicht weiter zu suchen und zu sammeln bräuchte. Der Pflanze geht es aber nicht darum, ein Insekt zu ernähren, sondern es zu animieren, Blüten der gleichen Art aufzusuchen und diese dabei zu bestäuben.

Warum lernen Insekten nie, dass die glitzernden Tropfen beim Sonnentau kein Nektar sind?

Weil praktisch alle, die auf die Täuschung hereinfallen, dabei sterben und deshalb kein Lerneffekt möglich ist.

Warum können Hummeln auch bei Temperaturen fliegen, bei denen andere Blütenbesucher noch an ihrem Schlafplatz oder im Nest bleiben müssen?

Hummeln können mit ihren Flugmuskeln zittern und so Wärme zum Aufheizen des Körpers erzeugen.

Wieso können staatenbildende Bienenarten nicht Pollenspezialisten sein?

Es gibt keine Pflanzenarten, die während der gesamten Aktivitätszeit eines Bienenstaates in genügender Anzahl blühen. Die Tiere müssen daher ganz unterschiedliche Pollenquellen nutzen können.

Wieso wird man in einer sehr vielfältigen und strukturreichen Hecke mitten in einem großflächigen Ackerbaugebiet praktisch nie einen brütenden Neuntöter finden?

Neuntöter brauchen nicht nur geeignete Brutstandorte, sondern auch gute und ergiebige Jagdgebiete. Liegen diese zu weit vom Brutstandort weg, so ist der Aufwand für das Hin- und Herfliegen zu hoch.

Weshalb gibt es wehrhafte Insekten und harmlose Insekten, die sehr ähnlich aussehen?

Eine auffällige Musterung bedeutet oft Gefahr (Warntracht). Die harmlosen Insektenarten imitieren durch ihre unberechtigte Warnfärbung ein wehrhaftes Tier und werden so von Fressfeinden gemieden.

Wodurch unterscheiden sich Wespen und Bienen von Fliegen?

Bienen und Wespen haben eine Wespentaille, 2 Flügelpaare (nicht immer leicht zu erkennen), relativ lange Fühler. Alle diese Merkmale weisen die Fliegen nicht auf.

Sind Heuschrecken Vegetarier?

Nein – oder jedenfalls nicht alle. Kurzfühlerschrecken ernähren sich vorwiegend von Pflanzen, wobei es auch vorkommt, dass sie tote Insekten fressen. Langfühlerschrecken fressen sowohl tierische als auch pflanzliche Nahrung. Große Arten jagen sogar gezielt andere Insekten.

Warum werden Blattläuse oft von Ameisen gegen Fressfeinde wie Marienkäfer verteidigt?

Die Ameisen ernten die zuckerhaltigen Ausscheidungen der Blattläuse.

Weshalb haben Nachtfalter oft stark gefiederte Fühler?

Die Männchen vieler Nachtfalter finden ihre Weibchen mit dem in den Fühlern integrierten Geruchssinn. Je größer die Oberfläche der Fühler, desto größer ist die Chance, ein Duftmolekül des Weibchens aufzufangen.

Warum ist das Fell des Maulwurfs besonders gut an ein Leben in engen Gängen angepasst?

Es hat keine Strichrichtung wie zum Beispiel das Fell einer Katze oder eines Hundes. Es spielt deshalb keine Rolle, ob sich ein Maulwurf in einem engen Gang vorwärts- oder rückwärtsbewegt.

Welches sind die häufigsten Beutetiere der Wespenspinne und wieso?

Die Wespenspinne baut ihr Netz in der dichten Vegetation, also im Bereich wo sich auch viele Heuschrecken aufhalten. Diese sind auch die häufigste Beute.

Herbst

Wo wird ein Gras an ehesten brechen oder reißen?

Kurz oberhalb eines Knotens, weil dort die verstärkenden Ligninfasern fehlen.

Wer bestäubt Gräser?

Der Wind.

Warum sind Schnecken nützlich?

Für viele Tiere (z. B. Igel, Vögel usw.) sind sie wichtig als Nahrung. Ohne Schnecken würde zudem viel mehr Kot und verrottetes Pflanzenmaterial herumliegen. Schnecken sind wichtige Bioindikatoren.

Warum sind Nacktschnecken hauptsächlich nachtaktiv?

Weil sie sich im Gegensatz zu den Gehäuseschnecken nicht in ihr schützendes Gehäuse zurückziehen können, sondern vermehrt auf den Schutz der Dunkelheit angewiesen sind. Zudem ist in der Nacht die Gefahr auszutrocknen geringer.

Warum ziehen Mehlschwalben zum Überwintern nach Afrika?

Im Winter, wenn es kalt ist, fliegen kaum noch Insekten. Mehlschwalben würden hier verhungern. Im warmen Afrika dagegen finden sie Nahrung.

Welche Vorteile gibt es, wenn die Knollen so tief in der Erde sind wie bei der Herbstzeitlose?

Sie sind so besser vor Fraß und Erfrierungen geschützt. Tiere können sie weniger leicht ausgraben, und von einer bestimmten Tiefe an ist der Boden auch im Winter nicht gefroren.

Winter

Wieso haben große Tiere in der Regel einen Vorteil bei tiefen Temperaturen?

Sie haben ein günstigeres Verhältnis von Körpervolumen zur Körperoberfläche. Daher verlieren sie verhältnismäßig weniger Wärme als kleine Tiere.

Deutet die große Ähnlichkeit der Grabbeine von Maulwurf und Maulwurfsgrille auf eine nähere Verwandtschaft hin?

Nein, natürlich nicht: Der Maulwurf ist ein Säugetier, und die Maulwurfsgrille ist ein Insekt. Die Ähnlichkeit der Grabbeine ist einzig auf die ähnliche Lebensweise zurückzuführen. Ihre jeweiligen Baupläne sind aber völlig verschieden.

Sachregister

Dank

Andreas Jaun und Sabine Joss danken allen Beteiligten, die in irgendeiner Form bei der Erarbeitung dieses Buches mitgewirkt haben.

Andreas Jaun dank insbesondere Katrin Bieri, Simon Capt, Peter Fluri, Paul Ingold, Willi Joss, Thomas Leu, Christian Willisch und Hans-Peter Wymann. Einen ganz herzlichen Dank geht auch an seine Frau und seine Kinder, ohne deren Unterstützung und Verständnis dieses Buch wohl nicht zustande gekommen wäre.

Sabine Joss dankt Brigitte Wolf, Andreas Gygax, Fredy Joss und Vollrath Wiese für die Fotos, die das Buch bereichern.

Bildnachweis

Aeschlimann, Ruedi: S. 47

Cairns, P./Blickwinkel: S. 130

Capt, Simon: S. 113

Dragesco, Eric: S. 170

Gygax, Andreas: S. 36, 46, 160

Hartl, A./Blickwinkel: S. 81

Hecker, Franz: S. 49 unten

Hecker, F./Blickwinkel: S. 180

Jaun, Andreas: Umschlag: Vorderseite oben; Rückseite oben links
und rechts. S. 10–11, 14, 15, 35, 37, 42–43, 44, 54, 56, 57, 59,
66–67, 68, 71 beide, 72, 73, 75, 77, 79, 93, 95, 96, 98, 99, 102, 106,
107, 108, 109, 110, 111, 112, 114, 115 beide, 117, 118, 119, 122,
124, 125, 132, 134, 137, 138 beide, 140–141, 142, 158, 159, 165,
166–167, 168, 169, 171, 172 oben, 175, 181, 186 sowie alle Zeichnungen

Jaun-Holderegger, Barbara: S. 116

Joss, Fredy: S. 40, 145 oben, 146–147, 155 unten, 164

Joss, Sabine: Umschlag: Vorderseite unten; Rückseite unten. S. 8,
17, 18, 19, 21, 22, 23, 24, 25, 26, 27, 28 oben, 29 oben und unten,
30, 31, 32 alle, 50, 52, 61, 62, 78, 80, 82, 83 beide, 84 beide, 86,
87 beide, 88, 90, 91, 104, 105 alle, 144, 145 unten, 149 beide, 156,
157, 162, 190–191

Joss, Willi: S. 184

Kanton Aargau und Oekovision GmbH: S. 12–13

Kaufung, R./Blickwinkel: S. 127, 176

McPhoto/Blickwinkel: S. 172 unten

Roesti, Christian: S. 133 beide

Rüegger, Beat: S. 49 oben

Schmidbauer, H./Blickwinkel: S. 187

Thyssen, Malene/Wikimedia Commons/CC-BY-SA-3.0 & GFDL: Umschlag:
Rückseite oben Mitte

Wiese, Vollrath/Richling, Ira: S. 155 oben

Wolf, Brigitte: S. 28 unten, 29 Mitte

Bitte beachten Sie auch die folgende Seite

Andreas Jaun / Sabine Joss

Im Wald

Natur erleben – beobachten – verstehen

2011. 200 Seiten, 147 Fotos, 20 Zeichnungen, kartoniert
CHF 33.90 (UVP) / € 22.–
ISBN 978-3-258-07590-7

Runter vom Sessel, hinein in die Natur! In jedem Wald tummeln sich unzählige Pflanzen und Tiere, die sich gegenseitig täuschen und austricksen, die kooperieren und von einander profitieren. Auf jedem Quadratmeter Waldfläche kann ein ganzes Geflecht von Wechselbeziehungen beobachtet und entdeckt werden.

Band 2 der Reihe «Natur erleben» enthüllt die Geheimnisse des Waldlebens, lädt ein, sie zu entdecken und die Zusammenhänge zu verstehen. Vernetzt wie die Natur sind auch die Bücher: Eine Website und eine App ergänzen die Naturführer mit Filmen, Tonspuren, Beobachtungstipps und vielem mehr.

⋮ Haupt **Haupt Verlag** Bern · Stuttgart · Wien
verlag@haupt.ch · www.haupt.ch